DU ÄR DIN EGEN HJÄLTE

En guide till naturlig strålglans

Marie Lindström Kapur

© 2022 Lindström Kapur, Marie

Förlag: BoD – Books on Demand, Stockholm, Sverige

Tryck: BoD – Books on Demand, Norderstedt, Tyskland

ISBN: 978-91-8007-614-2

Till mamma

"Livet är en fantastisk upplevelse. Svår och snårig måhända, men för mig står det klart att vi får så många chanser vi behöver tills vi inser förvirringen vi hela tiden varit i. Förtrollningen som styrt oss. När den bryts följer insikten om din sanna natur, upplysning och inre harmoni."

Marie Lindström Kapur (Vajra Devi)

Februari 2018

Kära läsare,

Denna bok kommer med en möjlighet för dig som längtar efter inre frid, sann lycka och tillfredsställelse i livet, att guidas djupt in i dig själv och genomgå en inre förändring. Kanske känner du dig fast i nedstämdhet, besvikelse, sorg eller allmänt tillrättavisad av livets omständigheter och väntar på glädje, lycka, inre frid och harmoni.

Här visar jag vägen till förändring och insikt, och då inre läkning sker och insikter om sinnets natur uppdagas kan du komma att uppleva hur saker inte längre påverkar dig på samma sätt, hur livet flyter fram utan ansträngning. Där du kan hantera konflikter och livets svängningar med jämnmod, inre frid och en djup inre glädje.

Det är min djupaste önskan att den här boken ska hjälpa dig uppleva den frid och fullkomlighet, tillfredsställelse och harmoni som finns gömt i ditt inre.

Här förmedlar jag kunskap såväl som läsande meditationer och om du tillåter kan detta vara en ny början som kan komma att spränga sinnets föreställningar och avslöja fantastisk inre frid, som är ditt naturliga tillstånd.

Yttre omständigheter kommer att följa efter och livet förändras naturligt till ett liv levt i harmoni och glädje.

Om du vill, så vägleder jag dig. Ett steg i taget.

Vajra

3

4

Harmoni

"Överensstämmelse, samklang, samstämmighet, enighet; tillstånd av (inre) balans och frid."

Hur vore det med en vardag där harmoni flödar genom din upplevelse? Oavsett vad som sker, vem som gör vad, så bibehålls ditt inre lugn och harmoni. Det kan vara den mest gråa dag och du rör dig genom den, gör dina sysslor, utför ditt arbete med en djup glädje som sprakar ur inre stillhet.

Det här tillståndet är inget du behöver kämpa för eller uppnå genom att trycka undan reaktioner eller känslor, utan den här inre stillheten kommer eftersom den alltid är där och du nu fått tillgång till att se och känna den klart.

Den inre stillheten är ditt djupaste Varande. Ditt naturliga tillstånd. Det sjuder av lugn glädje och harmoni, av tillfredsställelse och fullkomlighet.

Förkroppsligad inre frid innebär att du inte behöver någonting annat för att tillfredsställa dig i livet. Du är tillfreds. Inifrån. Ditt sinne är lugnt och dina tankar drar inte iväg med dig bort från närvaro och klarsynthet.

Du möter din familj, barn och vänner med en påtaglig närvaro och glädje och påverkar andra till att känna att allt är nog bra och härligt ändå.

Kontakten med dina nära fördjupas och kärleken exploderar i ditt hjärta, inte bara för de dina utan även för främlingar och medkänslan, toleransen och acceptansen bara finns där som de mest naturliga egenskaper.

Villkorslös kärlek hägrar. En kärlek du utstrålar och sprider lugn med. En kärlek som inte behöver något för att du ska älska och känna dig älskad.

Andra känner sig älskade och sedda, slappnar av på djupet och vågar komma fram på nya sätt. Du behöver ingenting i livet. Allt känns perfekt. De mest fantastiska tillfällen och idéer kommer till dig och livet fylls av spännande, härliga saker. Till och med vardagen är ett sådant tillfälle av förundran, spänning och enorm obeskrivlig inre stillhet, vacker tystnad och lycka.

Kanske känns det här långt ifrån din vardag just nu? Kanske känns det tungt och inrutat. Deprimerat till och med, eller bara tungt emellanåt. Som om livet behandlar dig dåligt genom andra människor och förhållanden, omständigheter eller sjukdom, och bestämmer att du ska känna dig uttråkad, bitter eller i någon form av inre lidande. En gnagande obehagskänsla.

Kanske känns det som om du skulle må bättre, vara gladare, lyckligare, lugnare, mindre stressad om bara _____ hände? Eller om de omkring dig agerade annorlunda?

Om det känns som att något utanför din kontroll måste ske för att du ska bli lyckligare är den här boken för dig.

Eller om du känner att någon annan behöver förändras innan du kan gå vidare och känna daglig harmoni, då har du också kommit rätt.

Jag kommer att visa hur det trots allt inte är de yttre omständigheterna som styr egentligen, men det är de yttre omständigheterna som i många fall behöver bli så mörka att vi börjar titta ordentligt.

Så känns det bistert, bra. Då är du rätt. Då gör du rätt. Just nu.

De tunga perioderna i livet är de som skapar förändring. Det är de tillfällena som är otroliga möjligheter till, inte bara förbättring och välmående, utan hör och häpna; Upplysning. Ja, upplysning som i Nirvana, Moksha, Satori, Buddha-natur, Självinsikt.

Många namn beskriver samma sak; en insikt om självets natur. Vem är du? Vad är du? Att inte bara veta med sinnet ett intelligent svar på frågan, utan att förkroppsliga insikten är upplysning.

Den här boken leder dig, sakta men modigt, inåt mot upplysning. Men, upplysning sker i steg och den här boken angriper det första steget. Att bryta förtrollningen sinnet har på dig. Så att du kan uppleva den dagliga harmoni som inte styrs av omständigheter omkring dig och leva i inre frihet.

Min resa

Jag utgår ifrån mig själv. Min resa. Jag har levt ett ganska normalt Svenssonliv med visst barndomstrauma, osäkerhet, självvärde i botten, kände mig inte älskad och gick den förväntade vägen till hög utbildning och bra anställning i bästa "duktig-flicka-syndrom".

Som ingenjör överansträngde jag mig i överambitiösa försök att vara tillräckligt bra. En strävan att känna mig accepterad och bekräftad, förstärktes i en extrem projektmiljö med globalt ansvar på mina axlar. En stressig arbetsplats som kvävde mig och till slut fanns bara gråten och paniken kvar.

Jag läkte långsamt med hjälp av nya val, meditation, mantrasång, yoga, att bli mamma, egen företagare och ett dedikerat djupt inre självutforskande, och livet idag är ett fyllt av harmoni och inre stillsam eufori.

Efter utmattning och nya livsval, mötte jag många nya svårigheter i form av fysisk funktionsnedsättning och smärta, ekonomiska bekymmer, otrohet och vardagens konflikter med barn och man, men insåg längs vägen hur fantastiska möjligheter de här svårigheterna var!

"En dag av inre reflektion efter otrohetssmärtan var jag i ett inre tillstånd av bliss och min dåvarande make förstod ingenting när jag i extas uttryckte min tacksamhet."

~

"En dag på betonggolvet i frysrummet på dåvarande desperata lagerjobb släppte jag sinnets betungande bojor och flög in i en månadslång eufori av glädje och inre frid och extas."

~

Min drivkraft till inre förståelse har sedan barndomens psykologiska förtryck varit stark och jag mediterade första gången 13 år gammal. Vägen har sedan kantats med insikter om tankens kraft, ursprung och syfte, om hur sinnet faktiskt fungerar och varför, och vad det leder till och skapar.

Efter djupa insikter om egot och tankarna, kom en inre frid som var oslagbar. Jag kände mig djupt lycklig och harmonisk och reagerade inte alls på saker i vardagen som tidigare.

Jag fortsatte min inre resa och läkte själsliga sår och insåg att jag inte visste någonting. Förenklat kan man säga att först avslöjar vi sinnets förvirring, och sedan fortsätter processen av upplysning inifrån i ett nytt skede, med djupare insikter som följd.

Sedan när den fulländade insikten kom om självets Varande sammanstrålade det personliga med det universella och självinsikt hägrade i obeskrivlig fantastisk oändlighet full av all potential och skapelse, fullkomlig harmoni och absolut insikt.

Detta var också en ny början. En början av ett förkroppsligande av "Det" och i vardagen utvecklas den bubblande lyckan av att Vara. Oavsett vad som sker.

Varje cell, varje molekyl vibrerar i extas, kärlek och stillsam fullkomlighet.

Bliss of Being.

Trots att snåriga omvägar är nödvändiga för att möta de lärdomar vi behöver för att läka själsliga sår som trauma och undantryckta känslor etc. är det onödigt att stångas mot samma "lärdomar" om och om igen, utan att känna till att de är utmaningar att anta och bärare av insikter till ditt inre.

Innan du vet detta kommer lektionen att upprepas och återkomma genom livets händelser, relationer och svåra stunder. Så genom dessa raka ärliga ord vill jag berätta klart och tydligt för dig hur du kan möta livet på ett nytt spännande sätt.

Min utgångspunkt är min egen upplevelse av resan från deprimerande mörker till upplyst närvaro. Jag står stadigt i djupaste

Varandets närvaro. Jag sätter inget namn på det jag Är, det är obeskrivligt och i essensen namnlöst. Alltet. I enighet.

Det jag säger kan komma att röra upp triggade känslor från sinnet som tror sig redan veta, men det berör också sakta längre in, den plats där du redan är i kontakt med Alltets djupaste Varande och ordlösa vetande, eftersom det är ditt naturliga tillstånd. Frid.

Den tysta inre sanning som hela tiden finns där, men som till en början fördunklas av sinnets åsikter och kommentarer.

Lyssna mindre på tankarna och mer till tystnaden inom dig.

"The only language able to express the whole truth is Silence"

– Ramana Maharishi

Stäng igen boken om du vill

Det är helt okej. Ibland behöver vi lite tid att förbereda oss inför en förändring. En förändring som, även om den leder till harmoni och glädje, kan vara svår och motig att gå igenom. Som när målet är alltför långt borta, tar hopplösheten tar över. Uppgivenheten. Kraftlösheten. Det är naturligt.

Ta en paus, hur länge du vill. Du kan komma tillbaka hit om en stund. Och då hjälper jag dig. Du behöver inte göra det här helt ensam.

Det kan hjälpa att veta att vi alla har ett slags inre motstånd till att ta tag i en jobbig situation. Det känns helt enkelt motigt, tungt och svårt.

Konstigt nog, finns det också något inom dig som får kraft av att vara i det tunga, men mer om det senare.

Landa i att det är okej att ha ett motstånd, att känna motstånd och att inte vilja göra det du ändå vet är bra för dig.

Att stanna upp och känna efter innebär just nu dessutom att det antagligen kommer att kännas jobbigt, eftersom lagrade negativa känslor kan komma fram när du nu börjat något nytt, en resa i förändringens riktning, där du kommer att ge dig själv utrymme att reflektera och medvetandegöra känslor mer än vanligt.

Att känna motståndet är början till förändringen, så ta lite tid att förbereda dig på ett nytt förhållningssätt.

Lägg märke till motståndet i olika situationer och låt det vara okej att känna det och ändå gå vidare på din väg av förändring. I små steg. När du är redo.

Radikal acceptans

Kanske är du på en plats i livet som känns mörk och omöjlig att förändra. Kanske känner du besvikelse över andras beteenden, ilska och bitterhet över hur det har blivit, hur livet har behandlat dig, sjukdomen du drabbats av eller nedstämd av sorg och känslomässigt lidande.

Innan vi kan förändra någonting måste vi acceptera hur det är, men det kan kännas tungt då vi länge håller fast vid tankar som dels förklarar varför det inte borde blivit så här, eller hur det är någon annans fel, eller hur det borde vara istället.

Att acceptera hur det är betyder inte att du håller med om att det som andra gjort är okej, eller att du säger ja till händelseförloppet, eller att du tar på dig hela ansvaret själv.

Radikal acceptans är att stanna upp och SE hur det verkligen är. Just nu. Så här är det. Så här känns det. Utan förklaringar eller kommentarer.

Hur är det för dig, nu?

Kan du möjligtvis acceptera, om än bara en smula, hur det blev?

Just nu spelar det ingen roll vem som gjorde vad eller vad som hände.

Stanna upp en stund.

Känn vad som känns.

Hur är det just nu?

Helt uppriktigt

Utan förklaringar

Utan motiveringar

Kan du acceptera att det är så här det är just nu?

Bara just nu i den här stunden.

Just nu.

•

Är upplysning bara för Buddha?

Nej, det är möjligt för dig också. Det är den du redan är. Bortom sinnets förvirring och lager av själsliga sår och lagrade känslor som bygger upp en bild av oss själva och verkligheten som inte riktigt är den högsta sanningen. Det är okej, det är så vi människor fungerar, men vi lever i en tid då människosläktet tar stora biologiska utvecklingssprång vilket innebär ett högre medvetande och ja, upplysning, för många nu samtidigt.

Det är en kollektiv kraft som dels skapar nödvändig kontrast i form av konflikt, krig och inre kamp, och dels skapar möjligheter till en utveckling, en expansion, av medvetandet. Om din granne sprider kärlek, blir du antagligen positivt berörd och kanske sprider du det vidare. Om tusentals människor blir upplysta, sprids deras harmoni vidare som ringar på vattnet. Det är det som sker nu. Ringarna når längre och längre och många upplever radikala språng i medvetande-expansion som innebär läkning på djupet och förkroppsligande av glädje och kärlek, lugn och harmoni.

Det är möjligt för dig också.

Det blir tydligt i tider av kris och motgång hur det faktiskt är något helt annat som vi egentligen vill. De visar oss vår längtan och motiverar till förändring, men smärta och svårigheter är inte bara vägen till hälsa och välmående, utan även till upplysning genom att dessa svårigheter visar en fantastisk kontrast som hjälper oss att se med helt nya ögon. De ger oss motivation att ifrågasätta och undersöka djupare inåt än någonsin tidigare och prova helt nya vägar som vi inte skulle göra utan motgången, som kommer och sätter s.t.o.p.p.

Upplysning är möjligt för alla. Sinnet står lite i vägen för de flesta bara och en väg igenom behövs.

Längtan efter inre frid är dock gemensam för oss alla oavsett vägen vi tar genom livet och det vi, många gånger omedvetet, söker och längtar efter är att komma hem. Att komma till insikt om självet.

Att komma till självinsikt, betyder inte att veta hur du är, känner och reagerar eller hur du kan beskrivas eller uppfattas av andra.

Det är djupare än så. Det är att veta att du inte är separerad från Alltet. Att uppleva enhet. Att nå Nirvana, Moksha, Upplysning, Självinsikt är att inte vara i förvirring längre över vem eller vad vi egentligen är.

Du kanske inte är medveten om ännu att du inte vet vem du är, du kanske inte ens ställt dig frågan, men bakom lager av önskningar, förhoppningar och minnen, så ligger detta till grund.

Det är okej att fortsatt inte veta vad jag talar om, bara känn till att det är något djupare på ingång.

Denna omedvetna förvirring över identitet tar sig uttryck i lidande, i konflikter och kamp, i nedstämdhet, oro, eller utbrändhet. Det finns många uttryck av lidande ibland oss idag, men för den upplyste finns inget lidande.

Där är dagen full av stillsam bliss och förnöjdsamhet och alla möjligheter är tillgängliga. Den upplyste lever i förkroppsligad harmoni med omgivning och inre tillstånd. Där är bliss, harmoni och glädje. Oavsett yttre omständigheter. Oavsett kroppens tillstånd och sinnets idéer. Den upplyste vet i varandets visdom att hon inte är kropp eller sinne. Hon är fri.

Innan den inre friheten hägrar, är vi utsatta för livets situationer och begränsningar. Livet kan då vara lamslående och likt en pusselbit passa in oss till en plats där vi är fast i förhållningsregler och ramar, eller så kan livet blir ett mer medvetet utforskande och lärande som leder till självinsikt och upplysning.

Livet förser dig med de möjligheter, utmaningar, som du behöver för att bryta förtrollningen sinnet har på dig, och komma till insikt. Det är möjligt också för dig. Hur tungt det än känns just nu.

Speciellt om det känns mörkt just nu. Då är du helt rätt. Mörkret har kommit med möjlighet till upplysning.

Många skulle här påstå att de inte har tid. Visst, om du inte vill så har du inte tid. Då fyller du dagen med en massa oväsentligheter som dock just nu känns otroligt viktiga.

Men hur skulle det kännas om dagen är luftig och fri? Om allt det du fyller den med inte alls är så viktigt egentligen? Jag förstår att det känns så nu. Jag förstår, jag var där.

Därför börjar du med små steg att skapa plats för reflektion och meditation. Jag lovar dig att prioriteringarna kommer att skifta med ditt inre, och kanske kommer du till och med att ha lika mycket aktivitet i din dag, men uppleva det som en dans av stunder där den ena bär dig till den andra och inre stillhet hägrar, samtidigt som så mycket blir gjort.

Det är dessutom aktiviteterna och friktionen i din vardag, som är möjligheterna för introspektion och insikt, läkande och lärande.

Utan din vardag är det närapå omöjligt, det är ju livet som är lektionerna. Bärare av möjligheter.

Änglar, guider och religion

Många som är på en inre resa upptäcker dimensioner utanför vår fysiska tillvaro och upplever ett slags uppvaknande för andlighet och änglar, guider och kanske till och med en ny form av Gud. Många fördjupar sig i sitt inre med hjälp av regressioner till tidigare liv och uppfylls av spänningen över att få reda på hur de levt tidigare.

Dessa olika *gudomliga* uttryck är ibland ett nödvändigt steg på vägen mot det innersta *gudomliga* Varandet, som kan kallas gudomligt då vi inte till fullo förstår det. Att öppna upp för något vi inte känner till är också att öppna upp för inre dimensioner av vårt Varande vi ännu inte känner till.

Det yttre skapas av dina förväntningar och det gäller även i andra dimensioner, men de oändliga möjligheterna till utforskande som andra dimensioner erbjuder är inte fokus här i boken även om du är välkommen att ta den resan också, via änglar, guider, utomjordingar och stjärnvarelser. Om du vill. Allt detta kommer ändå naturligt att förlora sin betydelse när du är redo.

Det kan ses som ett tillfälligt förlängt uttryck av Alltet och när du inser ditt djupaste Varande som i själva verket är Allt, då kommer du se att dessa uttryck är en förlängd arm från *Alltet* till *begränsad individ*, bärande på budskap, uppmuntran och ledord.

På ett sätt från dig själv till dig själv.

Oavsett vad du tror på, upplever och leds av, så är det dina tankar, känslor och reaktioner som avslöjar de inre sår som behöver läkas. Kanske behöver orakelkort eller kanaliserad vägledning ge dig riktning eller bekräftelse att du är på rätt väg, men kom ihåg att det i själva verket kommer från dig själv till dig själv, genom en extern manifestation av det gudomliga. Det är en del av vägen för en del, ofta en viktig bekräftelse och uppmuntran, men det är aldrig hela vägen. När du inser, känner och vet inom dig att det gudomliga, det andliga, det vägledande och visa, det är Din djupare essens, då faller behovet av yttre vägledning bort och du vet att det är DU. Den inre visdomen. Tillfälligt i yttre form.

Du behöver inte tro på änglar, möta guider, läsa tarotkort eller kaffesump eller känna till tidigare liv för att kunna läka, utan det är nämligen så att barndomen, nära relationer, livskriser och svåra händelser är fullt tillräckliga för ändamålet.

Det är dina vardagliga reaktioner som bär hemligheten till ditt djupaste inre, där stillheten flödar i hav av harmoni.

På samma vis är religioner och traditioner som exempelvis Buddhism, Zen och Shamanism vägar och system för en viss del av vägen, och är de framgångsrika så som det en gång var menat, förbereder de sökaren för att vid en viss tidpunkt släppa alla vägar och system, och uppnå upplysning.

Vad du än väljer att luta dig mot, så kom ihåg att det endast är en tillfällig krycka. En värdefull och vacker sådan, om du vill. Men, din inre upplevelse av livet som pågår ger dig också de insikter du behöver.

Villkorlig lycka eller frihet?

Vår yttre värld reflekterar vårt inre tillstånd så när förändring sker inombords omformas världen utanför. Det kan tyckas märkligt eftersom till en början känns det som om det är tvärtom. Det känns som om det är det yttre som styr vår upplevelse och att det inre känslotillståndet blir ett resultat av vad som sker eller vad någon annan tycker eller gör.

Villkorlig lycka är när vi endast känner glädje eller frid när vi har en prestation att fira eller något att vara stolt över, när vi är på semester, eller när andra specifika kriterier är uppfyllda. När särskilda, kända eller okända, villkor uppfylls.

Kanske kan du bara känna dig glad när solen är framme, eller när du köpt nya kläder.

Kanske känner du dig bara tillfreds när du dricker alkohol eller sitter ner med en kopp kaffe i handen. Kanske går tiden åt till att vänta på helgen. Eller semestern.

Tankar som "Om jag bara hade det här, så skulle jag vara glad/harmonisk" tyder på en villkorlig lycka. Villkorlig betyder " beroende av villkor". Alltså när vissa villkor uppfylls kan du känna särskilda känslor.

Till en början är detta förhållningssätt inte ens medvetet utan ligger som en omedveten outtalad sanning inom oss. Det är en uppfattning vi antagit som formar våra liv.

Men, det behöver inte vara så. Den inre tillfredsställelsen kan redan finnas där oavsett villkor. Det ger en inre frihet. Du är då *fri* från påverkan av yttre omständigheter. Du behöver inte ställa upp på villkoren och kan agera utefter din inre spontanitet och glädje.

Men så länge vi låter omgivningen styra hur vi mår och så länge vi mår pyton på grund av att omgivningen och livet är som det är, så är vi i en ond spiral och låser möjligheter till förändring ute. Eftersom genom att känna sig tyngd av det yttre, attraherar vi mer av detsamma.

Förändrar du din upplevelse genom inre arbete så kommer du att bli förvånad över hur till synes magiskt omgivningen förändras.

Du attraherar helt andra situationer och möjligheter då din energi förändras och kanske fattar du helt nya beslut som skapar förändring i rätt riktning.

I en harmonisk process förändras livet till det bättre. Det börjar inifrån.

Detta betyder så klart inte att enbart tänka positivt och låtsas vara glad. Det håller bara en kort tid. Att enbart tänka positivt trycker undan känslor som behöver komma fram och ut. Det ignorerar din inre process, ditt inre läkande.

Att vara positiv är dock att vara öppen för nya sätt att se på saker och ting, det öppnar även upp för att vara modig nog att se inåt på sin upplevelse och sina beteenden och bli mer medveten om sina reaktioner, deras uppriktiga ursprung, inre sår och att möta det.

Att vara positiv på ett hjälpsamt sätt är att veta att om du möter mörker inom dig, om du känner känslorna och ser inåt med reflekterande klarhet så skapar du din egen positiva framtid.

Det är bara du som kan skapa förändring

"Det var något som hände den dagen. Jag stod ute på en bro över en tågräls under en tung del av mitt unga vuxna liv. Mitt liv kanske inte var så hemskt i andras ögon, men för mig var det omöjligt inombords. Så många känslor av otillräcklighet, hopplöshet över att inte vara så bra som andra, så söt och färggrann som andra, så glad och sprudlande som jag ville vara och till och med ombads vara.

Jag kände att andras åsikter om mig formade mig till en tråkig grå tyst blyg mus som ständigt behövde förbättra något för att duga. Jag kände att jag inte kunde påverka överhuvudtaget och i det hopplösa övervägde jag att ta mitt liv. Det låter så dramatiskt... Jag visste hela tiden att jag inte skulle göra det.

Men i en stund reflekterade jag över hur hopplöst allt verkade och då kunde jag lika gärna avsluta det. Bara att tänka den tanken till slutet var att öppna en port till alla möjligheter i världen.

"Om det är så hemskt att ingenting kan göras åt det, så kan jag lika gärna ge upp."

"Ska jag ändå ge upp kan jag ju lika gärna göra precis vad jag vill..!"

~

Det var ett par saker som hände där på bron; Jag såg på hur det var just då för mig och accepterade läget och allt jag kände. Exakt just då.

Radikal acceptans. Jag gav upp i kampen, vilket innebar att jag gav upp kampen att vara i underläge och offer för omständigheterna och genom min kapitulation klev jag ur rollen jag gett mig själv som offer för omständigheterna. Jag insåg att jag är den enda som kan välja för mig och att förväntningar från samhälle och omgivning bara är en illusion. Möjligheter och handlingskraft smög sakta in.

Även om vi ofta önskar att andra ska göra förändringen åt oss, att andra ska förändras först, eller att livet bara ska vända och bli ljusare, så är det som klichén säger: det är bara du som kan skapa förändring.

Ofta kommer "men…" och förklaringar om att det är vad någon annan gjort eller vilka omständigheter som råder, som har skapat din situation. Det är också sant. Men på ett annat plan, ett djupare plan, finns förklaringar till varför du hamnat där och hur du kan komma vidare.

Jag går in på det längre fram, men just nu, så bara lyssna sakta på orden;

"Det är bara du som kan förändra din situation"

Orden säger att makten är din.

Din.

Du behöver inte vänta på någon annan, eller förlita dig på någon annan.

När du är redo, så finns det möjligheter för *dig*.

Även om andra har ansvar för sitt bidrag till situationer och sammanhang så är det inte de som kan skapa förändring för dig. Det börjar inte hos en annan, det känslotillstånd som skapas inifrån. Vi kan uppleva att det vi känner beror av vad någon annan har gjort, men i kommande kapitel kommer jag visa hur det kanske ändå börjar inom oss själva...

Låt därför ovisshet över vad ett sådant här skifte innebär vara just ovisst. Det är okej. Att skifta från att andra ska skapa förändring först, för att du ska känna dig bättre, till att det är *du* som ska göra jobbet, är stort och jag förstår att det kan kännas obekvämt.

Ibland kan första steget vara att be någon om hjälp. När jag säger att det bara är du som kan skapa förändring så innebär det också att stå upp för dig själv på det sättet att be någon om hjälp, om det är det som behövs. Lita på dig själv, du vet vad du behöver göra.

Ha även tillit till den här påbörjade förändrings-processen, lita på att det är okej att inte veta precis hur det kommer att gå till eller hur det kommer att bli. Vi kan inte veta hur det kommer att bli, förrän det faktiskt blir. Låt inte det stoppa dig. Livet har en förmåga att utvecklas på oanade fantastiska vis.

Ha tillit till dig själv, tillit till ditt djup och din förmåga. Du kan mer än du tror.

Att skylla på andra, och därför känna att andra behöver förändras eller agera först för att du ska gå vidare är oerhört vanligt. Vi fungerar alla så här till en början och speciellt i mörka perioder, då det lätt känns som om bara något yttre förändrades så skulle det bli annorlunda. "Om jag bara fick bekräftelse av mamma/pappa/make/maka/chef skulle det kännas bättre." "Om jag bara hade högre lön, då skulle det blir bra." "Om han bara kunde se mig ordentligt, och älska mig bättre, då…"

När vi tycker att någon annan eller något annat ska förändras först, så behöver vi också sitta och vänta på att det ska ske. Det gör det kanske aldrig och vi är fast i väntandet.

Att släppa på denna väntan innebär en befrielse. Du måste inte längre vänta på att omständigheterna ska förändras, eller på att någon annan ska förändras först!

En skrämmande befrielse kanske. Det är helt i sin ordning att det känns läskigt och ovisst. Det betyder att du är på väg mot något nytt och fantastiskt.

Låt orden sjunka in och skapa plats för förändring.

Ta tillbaka din kraft

Att makten är din, betyder också att du behöver ta ansvar. Det kan kännas tufft att höra, men du har trots allt ansvar för dina reaktioner och handlingar. Även om det finns en bra förklaring och anledning. Det är inget av detta som förringar din upplevelse. Jag lägger bara till, att här finns en möjlighet att skapa stor genomgående positiv förändring.

Du kan nu välja att ta ett litet större ansvar för ditt bidrag till din upplevelse, och därmed få till förändring mot något så mycket bättre. Fri att flöda med livets harmoni. Med en inre glädje så rik att solen skiner igenom varenda dystert moln.

Ansvar och kraft till förändring går hand i hand. Trots det ger vi ofta bort vår kraft till andra och hoppas att de ska uppfylla våra, ofta outtalade, behov eller uppfylla vår innersta längtan av helhet och harmoni.

Oavsett längtan, hälsa eller lycka, kärlek eller inre frid, så kan den komma till uttryck i en förhoppning att andras beteenden till slut ska blir sådana, att du kan göra din bit. Kanske är det någon du önskar ska förstå vad den gjort mot dig och be om förlåtelse, eller kanske din partner som behöver bli mer kärleksfull för att du ska känna kärlek. Först. För att du ska kunna agera och bidra så som du önskar till en bättre tillvaro.

När vi väntar på att någon annan ska inse något eller göra något för att vi ska kunna komma vidare, eller att livets förhållanden ska bli annorlunda så att vi kan känna på ett visst sätt, ger vi bort vår kraft och makt till handling och förändring.

Oavsett situation så kan vi förändra vår upplevelse exakt här och nu. Det kan tyckas märkligt, men är helt sant. Kanske inte från noll till hundra på en gång, utan i små steg. Förändringen börjar trots allt inte genom att vänta på andra, utan den börjar när du tar tillbaka din kraft.

När du släpper fram din egen röst och vilja att påverka hur du vill ha det. När du börjar fråga dig själv, och lyssna till svaret, hur *du* vill göra. Vad *du* känner. Hur *du* vill komma vidare. Svaren till exakt *hur* behöver inte finnas i det här skedet, eftersom det ofta känns helt omöjligt att det skulle kunna vara på något annat sätt, när vi befinner oss här.

Det allra viktigaste är dock att ta tillbaka din kraft.

Att inse att det är du som kan skapa förändring nu, om än liten.

Ingen annan.

Kan du ge det till dig själv?

Din egen kraft att påverka.

Din tro på dig själv börjar på nytt här.

Du kan klara det här.

Du kan förändra.

Möjligheterna ligger i dina händer.

Ser du hur kraften i varje situation trots allt är din?

Det är du som har makten.

Även om det är skrämmande.

Även om det känns svårt att axla.

Andra kan inte ta ansvar för att göra dig lycklig.

Det är det bara du som kan.

Är du villig att prova ett nytt sätt?

Är du villig att ta ansvar för den här förändringsprocessen som ligger för dina fötter?

ÖVNING

För att skapa inre skiften kan det ibland vara en god idé att skapa en RITUAL som är personlig för dig. Kanske är det någon sak som kan förstöras, en lapp att bränna upp eller riva sönder, eller ett frö att plantera. Vad det än är för dig, kan en ritual hjälpa till att markera ett inre skifte.

• Föreställ dig gärna de personer du är besviken på, eller de omständigheter du önskar skulle förändras, inom ditt inre och på ditt eget vis ta tillbaka makten från dem.

• Kanske föreställer du dig band som löper från dig till dem med din livskraft flödande till dem, och med din beslutsamhet vänder du flödet och suger tillbaka kraften till dig. Kanske lyser banden upp i färgglada färger, eller klipps av helt.

Kanske är inte livskraft, band eller ritual din grej och du kan då helt enkelt ta tillbaka kraften med ett resolut: "Jag tar nu tillbaka min kraft". Och din inre beslutsamhet väcks.

Att ta ansvar för allt, inklusive dina handlingar och reaktioner, innebär inte att du måste vara perfekt på något vis. Det öppnar bara helt enkelt upp för *möjligheten* att inte lämna lösningar till andra personer eller omständigheter, och därmed stå kvar med kraft att påverka.

·

~

Ta gärna pauser innan du läser vidare i boken. Det hjälper dig att tillgodogöra ny kunskap och att möjliggöra förändring samtidigt som du läser boken.

Det här är inte en bok att snabbt läsa igenom för att "göra det sen".

Det är nu det vi gör det här.

Läs sakta och begrundande, med många pauser och reflektioner.

Kanske skriv dagbok samtidigt och inför reflektion i din dag.

~

Bieffekter

Bortom det här förändringsskedet som du nu befinner dig i, finns en helt annan tillvaro.

Kanske är de fysiska förutsättningarna och förhållandena precis desamma. Kanske har något eller allt förändrats och du har annat jobb, boende och relation. Det spelar inte så stor roll. Det är inte det yttre som styr och det kommer du att bli introducerad till i kommande kapitel.

Framöver kan din upplevelse av livet, vara helt annorlunda.

Tänk dig en dag, precis som alla andra, där ingenting som sker påverkar ditt inre lugn. Den tillfredsställelse du känner bara av att finnas till och interagera, leva och arbeta är vacker och fullkomlig.

Det är en sann glädje, en fröjd som inte påverkas av väder, åsikter eller göranden.

Där du inte måste göra något för att uppnå ett känslotillstånd eller där andras ageranden inte påverkar ditt humör för hela dagen. Du känner inre ro, fullkomlighet och glädje i att vara här och nu med vad som än sker.

En förundran över livet. Till och med de grå dagarna är vackra och när människor klagar omkring dig förstår du dem inte. Det är ju fantastiskt. Att vara. Att uppleva både sorg och glädje är vackert. Du

önskar ingenting annorlunda eftersom varandet inom dig är så
fullkomligt.

Och när det inre förändras, så reflekteras det också naturligt i det
yttre och din tillvaro kan komma att bli mer färgglad och
livsbejakande. Flödande och harmonisk. Härlig och vacker. Där inre
lugn hägrar i varje nu. Kanske kommer du att göra verklighet av
drömmar du haft djupt inom dig. Det är en naturlig bieffekt av inre
utveckling.

En gyllene överenskommelse

När vi nu går fram genom förändringens okända marker, kanske du är en av dem som nästintill konstant hör nedlåtande och självkritiserande kommentarer om dig själv i dina tankar. Kanske handlar det om din förmåga att utforska ditt inre eller förändra din vardag.

Självkritiserande tankar, om att du inte kan eller klarar av något, eller att andra kan med inte du, eller "vem tror du att du är". Inget av det kommer att leda dig vidare.

När du uppmärksammar vad du egentligen säger till dig själv, så fråga dig om du hade sagt det till en god vän? Om inte, så varför ska du säga det till dig själv?

Behandla dig själv så som du skulle behandla en kär vän. Du är också viktig. Just nu är du den viktigaste personen i ditt liv. Du är värd att sägas fina saker till, och inte rackas ner på. Du är värd en chans till fantastiska under.

Kan vi komma överens om det? Eller kan du ge dig själv det? Att helt enkelt strunta i nedvärderande självprat. Det är inte viktigt, och det är från och med nu helt okej att bortse ifrån.

Läsande meditationer

Med ord guidas du in i stillhet och en stunds intim närvaro med ditt inre. Genom att spendera tid i stillheten inom dig kommer du närmre din sanna natur och harmonin som kommer med det. När vi låter det växa så kommer också det yttre förändras och reflektera harmonin, stillheten och glädjen i att vara djupt i kontakt med det inre varandet.

Dessa ord ska läsas långsamt och med stor närvaro. Tänk inte på vad som står utan ta öppet in dem och låt de sväva in i ditt inre. Blunda gärna emellanåt och stanna upp mellan raderna, mellan andetagen.

Mellanrummet är stillheten.

Låt orden vara en väg in bakom tankar och funderingar.

Låt orden bära dig för en stund. Känn dem.

Låt varje rad landa.

Stanna upp

LÅT   VARJE   RAD   LANDA

Just här och nu

Landar jag

Allt annat

kan vänta

Tankar om sen

Vad som ska göras

Hinnas med

Spelar ingen roll

Just nu

Jag är här

Bara här

Bara nu

En kort stund

Jag har tid

Släpper allt

Släpper allt

Bara nu

Jag finns till

Jag finns

Just nu

Jag är

Bara nu

Stannar i tystnaden

Mellan andetag

Igen

Igen

Stilla

Tyst

Mellan tankar

Mellan andetagen

Svävar

Stilla rörelse

Tillåter

Tystnad

Stillhet

Bara är

Just nu

All tid i världen

Just nu

Denna stund

Jag släpper allt

Går in i stillhet

Igen

Igen

Stillhet

Kärlek

Acceptans

Tankar får flöda

Kommentarer får ryta

Jag är stilla

Emellan

Mellan andetag

Mellan tankar

Jag är stilla

Här är jag

Bara är

Jag är

Jag är

Stilla

Här

Här

Här

~

Sitt stilla i inre tystnad en längre stund om du vill utan att fortsätta
läsa.

Låt stillheten vara en prioriterad händelse.

Lika viktig som att göra och hinna och komma framåt.

Att inte göra någonting, att sitta stilla och känna stillheten,

är något av det viktigaste du kan göra.

~

•

Distraktioner

Som människor har vi en tendens att undvika obehag och söka njutning. Det är en del av vårt beteende och det gör att vi ofta undviker att sitta i stillhet och ärligt och uppriktigt känna efter hur vi mår.

All människor har känslor undantryckta i olika grad. Dessa obearbetade känslor samlas på hög från situationer och skeenden i livet där vi av olika anledningar inte till fullo uttryckt oss. Kanske har du inte sagt din mening eller talat ut när du behövt. Kanske har övergrepp, olyckor och trauman av olika slag, stora som små, skapat spänning, konflikt och känslor som lagrats inombords.

Allt som lagrats skapar och förstärker våra inre sår, och de behöver läkas till en viss del för att inre transformation ska ske. Läkning sker genom att tillåta känslorna att kännas och när vi stannar upp skapas plats för det, men är vi inte redo att känna det vi tryckt undan så distraherar vi oss gärna och undviker obehag, ett litet tag till…

Det gör ofta att vi äter något sött en kväll när vi känner oss ensamma och bortglömda känslor pockar på, istället för att möta de känslor vi håller inom oss. Men obehag och känslor vi undviker att känna, de försvinner inte bara för att vi distraherar oss och skjuter undan dem, utan de växer sig större tills de sparkar bakut och gör dig sjuk eller tvungen på annat sätt att möta dem, känna dem och ta itu med det du hållit gömt inom dig.

Distraktioner i vardagen kan vara att vara upptagen och fylla dagen med aktiviteter och göranden, det kan vara att äta utan att egentligen vara hungrig, det kan vara att shoppa, att resa, att söka nästa hus, renovera mm.

Många av de här aktiviteterna kan så klart företas utan att det innebär ett undvikande beteende, men börja fundera över när du undviker inre obehagskänslor. Det är också dessa tillfällen som är bra att börja med att sitta i stillhet istället och låta känslorna få ta plats.

Blir du lyckligare av ett par nya skor?

Vår inre röst, vår inre sanning som visar vägen mot den där lyckan vi alla längtar efter, blir delvis nedtystad av konsumtion. I den meningen att vi på ett plan köper saker för att bli lyckliga, bokar en resa för att känna oss uppfyllda, för att få längta till den, njuta av den väl där och prata om den efteråt. Vi köper en ny topp för att höja självkänslan. Ett par nya skor för glädje. Nya soffkuddar eller inredningsdetaljer som bekräftar någon slags självbild etc.

Vi gör ofta detta då vi känner att det kommer att få oss att må bättre, och det gör det kanske på kort sikt, men är det inre frid och tillfredsställelse vi vill ha, så kommer det aldrig att vara tillräckligt.

Den tillfälliga känslan av värdighet, självkärlek, kärlek och beundran från andra och tillfredsställelse passerar tyvärr snabbt och vi behöver något annat, ett nytt par *bruna* stövlar kanske, eller några nya möbler, för att känna tillfredsställelse, när lyckan i själva verket verkligen bara kan hittas inom dig.

När du är modig nog att starta en annan resa, och inte den som du kan berätta om i lunchrummet, men en inre resa som läker ditt inre och öppnar upp ditt hjärta, då kommer du att upptäcka att det är den mest givande resan i ditt liv.

När du är i samklang med din inre sanna essens väljer du kanske istället att köpa kläder som djupt passar ditt inre väsen och du väljer

då att klä och uttrycka dig själv med hjärtlig självkärlek och pryder
dig med skönhet eftersom du är skönhet.

Du skulle då kanske resa för att känna dig ett med världen och
människorna i den och kanske ge dig själv lyxen att vara offline, på
en vacker strand med fantastiska solnedgångar du inte kunnat
drömma om och du ger dig upplevelsen att njuta av det fullt ut, utan
behov att visa upp på sociala medier. Lyckan kommer genom
närvaro där du är när du är i harmoni med ditt inre varande. Inte
genom antal likes.

Att förlänga njutning

"En solig dag satt jag med min besökande syster, på en av stans finaste
caféer ute på en brygga. Vårsolen strålade i vattnet, värmde våra
bleka ansikten och glädjen spillde över av att äntligen vara
tillsammans.

I enlighet med vår tid, var jag på väg att, nästan tvångsmässigt, ta
fram telefonen, fota oss och dela på social medier, så att andra skulle
se hur fint det var. Där fanns en inre drivkraft att hålla fast vid
stunden genom att dela den med andra.

Att dela för att förlänga stundens njutning var min avsikt, det var så
tydligt för mitt självreflekterande jag. Istället avstod jag från
möjligheten och stannade kvar i stunden. Jag lät det vi hade vara bara
för oss. Bara i den stunden. Bara för oss.

Då växte lyckan tusenfalt på ett djup jag inte visste fanns."

~

Eftersom tillfredsställelsen sällan varar så länge när vi får den genom
yttre ting, som kläder, resa, inreda, äta på fint ställe, göra särskilda
saker på särskilda vis, så tenderar vi att *hålla fast vid njutningen* och
försöka *förlänga* den på olika sätt.

Vi förlänger upplevelser genom att berätta om dem. Tyst för oss
själva och till andra berättar vi mer än gärna om förväntan om det

som komma skall och efteråt berättar vi om vad som hände. Vi förstärker de associerade känslorna kring händelsen och förlänger njutningen, glädjen och den positiva förstärkningen och bekräftelsen som kommer med den.

Vi *upprepar* också tillfällen som tidigare överträffade våra förväntningar och förväntar oss samma upplevelse igen. Vi anordnar midsommarfesten på precis samma vis som det året det blev så otroligt roligt. Men vad vi missar är att när vi inte hade några förväntningar alls, och var spontant närvarande med varandra, det var då det blev så fantastiskt.

Det här är en liknande mänsklig psykologisk tendens som att vi distraherar oss från att möta obekväma känslor och därigenom undviker smärta.

Genom att du ökar din medvetenhet kring de här mönstren sker små förändringar och gradvis väljer du annorlunda. Kanske väljer du att modigt stanna upp i närvaro med vad som sker inombords och vara närvarande med det som är istället.

Inom dig och omkring dig.

Det leder till spontan närvaro och öppenhet för möjligheter i nuet. Med glädje och tillfredsställelse som följd.

Det är okej

L Å T   V A R J E   R A D   L A N D A

Jag andas

Jag stannar upp

Vad som än sker nu

Inom mig

Är okej

Det känns

Det är okej

Jag är okej

Allt som sker

För mig framåt

På sätt jag kanske inte ser just nu

Det är okej

Jag kan känna så här

Så här

Just nu

Vara

Just nu

Andas

Finnas till

Precis här

Exakt så här

Det är okej

Det är nu

Nu

Bara finnas

För den här stunden

För mig

Här

Här

Här

Jag är här

Stilla

Finns till

Nu

Här

Här

•

Det finns något som vi alla förbiser

Något som är otroligt värdefullt men som vi ofta inte alls värderar särskilt högt och till och med förringar helt till en början.

Din inre röst.

Din inre röst, intuition och inre vetande, den som tystas av alla tankar. Tankar om det förflutna, kommentarer om varför du sade det du sade eller gjorde som du gjorde.

Genom tankarna återupplever vi obehagliga händelser, tänker tillbaka, och tänker på framtiden, vad du inte får glömma, och förutser hur det kommer att bli: "vem kommer att vara där och hur kommer de att reagera, vad ska jag då göra?" eller analytiskt planerar morgondagens arbete.

Medan vi funderar över det som passerat, kommenterar nuet eller planerar framtiden, imorgon eller nästa stund, ignorerar vi vår inre röst.

Framtiden kommer förmodligen inte att bli så som du försöker att förutse i alla fall. Du kommer att anpassa dig när den är här. Du kommer att hantera framtiden när den är här, så varför försöka förutse den? Att sätta en önskan, intention eller en övergripande plan om framtiden är helt i sin ordning. Det är de upprepande tankarna som lätt tar över nuet jag talar om.

De repetitiva tankarna och planerna som sinnet ofta håller på med distraherar dig från nuet och innevarande ögonblick. Planeringen tar över och du fokuserar med och agerar utifrån sinnet, istället för att vara i kontakt med din inre röst. Och hemligheten är, att det är din inre röst som vet hur du kan nå total inre lycka och frid. Det är din inre röst som vet vägen till lyckan och den mest harmoniska framtiden. Inte det analytiska sinnet.

Så lyssna lite mer på tystnaden mellan dina tankar, så att din inre röst kan höras. Så att du kan uppleva den fantastiska inre friden och lyckan som finns tillgänglig för dig.

Till en början är den inre rösten svår att höra/uppleva klart och tydligt, att känna vetandet utan tvivel, och det är okej. Det är en process att skölja rent lagren av sinnets ifrågasättande av intuitionens riktningar som fördunklar den inre rösten.

Med din inre resa kommer din intuition att växa sig starkare och tydligare. Skapa plats för det genom att förstå sinnet och fortsätta på din inre resa med en öppenhet för det som sinnet inte helt förstår.

Låt en ny insikt vara sann från stunden du känner dess hoppfulla glimt av öppning till något nytt. Trots att du inte vet var den kommer att leda dig. Förkasta den inte på grund av sinnets ovisshet och avsaknad av tydlig plan, utan ta din nya insikt för en ny sanning och bygg vidare på den.

Detta är viktigt. Vi kan inte sitta still med armarna i kors och hålla fast vid vad vi har trott oss veta fram till nu och se insikter om andra perspektiv och förhållningssätt och svepa dem åt sidan för att liksom samla dem på hög tills de blir många nog för ett begränsat sinne att förstå.

Eftersom ja, sinnet är begränsat och baserar sina antaganden på det du redan varit med om. Det tar inte särskild stor hänsyn till nya okända marker och möjligheter, som du öppnar upp för när du vill skapa förändring.

Du kommer att gå fortare fram på vägen mot den inre lyckan, om du öppnar upp redan från början och tar till dig varje liten insikt du får. Lita inte blint på vad jag säger, utan prova genuint inom dig och låt varje liten insikt agera byggkloss som du bygger vidare på. Lita till känslan att något är rätt, utan att behöva motivera varför med (det begränsade) sinnet.

Kroppens ja & nej

När sinnet är alltför dominant, vilket är fallet för de flesta, så kan det vara svårt att veta vad den inre rösten egentligen säger. Vad är bäst att göra just nu? Vi har ofta många frågor om vad vi ska göra och hur vi ska möta livet och hur vi ska hantera situationer och möjligheter. Vi förlitar oss på tankarna och låter de analysera och kommentera sönder vad som skulle kunna vara ett flödande intuitivt beslut.

Vi har dock ett verktyg som många inte känner till. Det är kroppen. Din kropp är en säker källa att fråga. Det beror på att det högre medvetandet finns i varje cell och då man kan säga att det är i ren kontakt med Alltet, så vet din kropp många gånger bättre än sinnet.

ÖVNING

Lär känna din kropps "JA" och "NEJ" genom att blunda och känna in i kroppen medan du upprepar "ja, ja, ja, ja, ja, ja, ja osv…" kanske känner du en stigande förnimmelse, eller en öppning av något slag någonstans i kroppen. Det kan krävas lite övning då vi ofta inte är vana att känna dessa svaga subtila signaler.

Gör sedan samma för att ta reda på hur din kropps "NEJ" känns. Upprepa "nej, nej, nej, nej, nej, nej, nej osv…" och känn vad som sker inne i din kropp. Kanske känner du ett ihopdragande någonstans, eller en sjunkande känsla. Kanske kommer en färg till dig eller något annat.

Prova att lita på dessa signaler och se hur kroppen, och det högre medvetandet, ibland kanske tycker lite annorlunda än tankarna. Sinnet är så färgat av våra upplevelser och tidigare erfarenheter, slutsatser och tolkningar att det kan vara god idé att fråga kroppen emellanåt och prova att sätta mer tillit till din intuition än ditt sinne.

Litar vi enbart till sinnet så fastnar vi lätt i tankemönster som förstärker en viss bild vi har om oss själva. När vi mår dåligt och upplever livet i någorlunda mörker formas ofta en uppfattning av oss själva som ett offer för omständigheterna, vilket sinnet förstärker och förstärker.

Vågar du avslöja offret?

Offer. Det är verkligen ett laddat ord. Ingen vill vara ett offer eller erkänna att offermentaliteten tolkar åt henne. Att läsa ordet kan trigga dig så pass att du lägger ner boken, men i själva verket är det inte DU som triggas utan *det är offret som protesterar.*

Hon vill inte bli avslöjad, även om det just nu kanske känns som om det är du som blir avslöjad och anklagad. Det beror på att omedvetet identifierar du dig med offret.

Oavsett hur svårt det är att inse, eller erkänna för dig själv, så låt mig hålla dig en stund och berätta hur den här väldigt vanliga mänskliga mentala mekanismen fungerar.

"Det är synd om mig därför att…"

Att känna sig ömklig på grund av yttre omständigheter som till exempel något en annan har sagt eller gjort, eller hur en situation utvecklat sig, och därför göra sig mindre än en är, är ett sätt att söka kärlek från andra. Det paralyserar och gör dig passiv och påverkningsbar. Kraften glider från dig.

"Det är synd om mig, så älska mig nu"

Vi upplever att om någon håller med om hur hemskt det är och hur fel den andra personen var, så bekräftar det oss. Vi känner att det bekräftar oss och ger oss ett visst mått av kärlek.

Men det vi får genom de här situationerna och beteendemönstret är aldrig tillräckligt... vi kommer alltid att behöva mer bekräftelse. En törst efter kärlek, ofta förklädd i anklagelser och mentalt tjatter.

En ond spiral påbörjas där situationer avlöser varandra där du söker medkänsla från andra, eller tycker synd om dig själv. Det är inte lätt att bara sluta med det, så jag beskriver den djupare betydelsen för att ge dig en bättre förståelse för dig själv.

Den som söker bekräftelse genom sin roll som offer är en del av en uppbyggd identitet som blir bekräftad i sin inbillade existens. Inte DU. Inte ditt sanna jag.

Det är *Offret* som tänker; "eftersom det jag var med om när jag var liten eller på grund av det som händer nu så..." som blir bekräftad i att "ja, jag finns" och uppmuntrad till *att fortsätta finnas.*

Det är *Offret* som tänker;

"eftersom det jag var med om när jag var liten var så hemskt har jag rätt att vara sur och besviken"

"på grund av det som just hände så tycker du väl synd om mig?"

"titta på mig, jag har det hemskt på det här och det här viset"

Genom återgivanden till andra, eller interna monologer, om dig själv som offer, blir det inre offret bekräftat i sin existens: "ja, vi pratar om mig så därför finns jag" och uppmuntrad till *att fortsätta finnas*.

Det är en utmaning det här och kräver en intelligent förståelse för att kunna släppa taget, eftersom till en början känner vi att *vi är* offret.

Vi identifierar oss med Offret och känner och tror på ett omedvetet plan att "om jag inte blir bekräftad i min existens här så finns jag inte längre" och då är det svårt att släppa taget om behovet av bekräftelse. Eller hur?

Offret är en samling historiska händelser som skapade en upplevd identitet. Den formades av upplevda hemskheter *förut,* men begränsar din upplevelse av *nuet.*

Du är i själva verket bortom sinnets historier. Du är ett oändligt flöde av frid, ett med allt, kärlekens djup, obeskrivbar i ord. Närvaron självt.

Men de upplevelser du har varit med om har satt sina spår och sinnet skapade känslan av en *identitet* genom att berätta om upplevelserna i jag-form. Ett begränsat *Jag* skapas och varje berättelse, ny eller upprepad, bekräftar det *Jagets* existens. Någon som utsattes för eller påverkades av handlingen.

Och friden är borta så länge vi tror på att vi är den berättelserna handlar om.

Det här begränsade *Jaget*, består av många delar där Offret är en. Det styrs av tankar om sig själv som definierar det. Det tänker tankar om sig själv, så att det ska fortsätta finnas.

Drivkraften att inte förgöras är så stark.

Alla tankar tänkta eller meningar utbytta med andra, eller delningar på sociala medier, *om dig själv och din upplevelse av saker och ting*, bekräftar existensen av det begränsade *Jaget* och förlänger lidandet som kommer av att tro att du är det här *Jaget* och inte den sanna essensen av varandet som är bortom och så mycket större än det begränsade *Jaget*.

Genom inre förståelse och kärlek kan du komma till insikt om vem du är, -vad du är.

Tillbaks till Offret. Hon upprepar berättelser, genom tankar och till andra, om sin upplevelse och därigenom blir bekräftad att fortsätta illusionen av existens, väldigt omedvetet. När detta medvetandegörs kan du börja se när det sker och vad det är du egentligen säger till dig själv och vad det är du egentligen söker.

Vill du att en annan ska se din skada, bekräfta din smärta, tala illa om förövare, hjälpa dig slåss mot motstånd?

Kanske vill du helt enkelt, djupt där innanför, bli sedd och hållen..?

Vill du djupt där inne egentligen att de ska leverera den villkorslösa kärlek du alltid saknat?

Vill du genom att identifiera dig med Offret egentligen bara bli älskad?

Att välja för dig

"Mitt liv ställdes på sin spets tack vare ett dödsfall inom min förlängda familj. Det var sorgligt och tungt, men för mig var det också en avgörande och vacker gåva.

När det närmade sig slutet för personen i fråga fick jag som flera av oss berörda många tankar om vad han skulle vilja göra med den sista tiden. Att fråga om det var något som han verkligen skulle vilja ha gjort i sitt liv, det fick mig också att fundera över vad jag skulle ha gjort i en liknande situation.

Svaret kom snabbt, och jag visste att jag ville utbilda mig till yogalärare, om nu det skulle bli så att jag fick en sådan diagnos. Det blev absurt med en gång. Inte kunde jag vänta på en dödsdom innan jag förverkligade en sådan längtan?

Eftersom livet redan tycktes bestämt, med en bebis och ett ingenjörsjobb på annan ort, så kändes det först orimligt. När skulle jag kunna gå en krävande utbildning? Det låg och grodde en tid men jag visste också att jag måste hitta en lösning, så jag började utforska olika alternativ och utvärderade sedan vad som var mest praktiskt och genomförbart.

Det kunde jag göra bara efter att jag bestämt mig för att det här var något jag verkligen ville göra. Ibland hindras vi av att vi inte ser HUR, men måste ibland bestämma oss för ATT, innan lösningen kan

uppdagas. Jag är väldigt tacksam för påminnelsen som kom genom
den sorgliga bortgången."

Ett slags beteende som förstärker Offret är att inte göra det du egentligen behöver och vill, utan vanemässigt följa aktiviteter som förlänger lidande och ger näring till Offret. I det stora men även i vardagens små små val.

Om du frågar dig själv en kväll vad du skulle vilja göra egentligen och vad du skulle må bättre av i stunden så kanske en del av dig vill gå ut i mörkret för en lugn långsam kvällspromenad, ta ett bad med levande ljus eller lyssna på bra musik?

Trots att det skulle ge dig en stund i närvaro med dig själv, en njutningsfull stund till och med, så väljer vi ofta att fortsätta vara offer, som att krypa ihop i soffan, scrolla sociala medier eller se på tv tills huvudet spränger.

Här kan du också märka ett inre motstånd till förändring och se att göra något för dig själv inte alltid är så lätt.

Det är lättare att distrahera sig i vanan att skärma bort sig från sig själv, från stunden och vägen till något lättare. Det är lätt att stanna i det tunga. Det är lätt att fortsätta göra val som ger näring till offret.

Det är okej.

Det är också viktigt att få känna det, att vara i det och inte döma sig själv för val som dessa.

Det kommer dock en tid då det är dags att göra nya val. Om än bara för en dag, en kväll, en liten liten stund.

Vad skulle hända om du valde för dig något nytt, annorlunda, uppiggande och glädjande, bara för dig?

Inte för att du för alltid ska fortsätta med den nya vanan, sätt inte upp sådana höga förväntningar, men bara för en enda gång fullföljer den goda tanke du har om att göra något annorlunda, något lite mer närande?

Det kan vara så små saker i vardagen som att laga mat du verkligen gillar, med färgstarka ingredienser du blir glad av och nyttigheter din kropp längtar efter. Det kan vara att ta ett bad på kvällen istället för att se nyheter. Det kan vara att yoga, meditera eller ligga stilla på sängen med lugn musik istället för vanliga distraktioner. Det kan vara en promenad, eller att skriva i dagbok.

Det kan vara att göra större skiften i livet, som du tänker att du ska göra sen. Kanske gå en utbildning, börja en ny efterlängtad hobby, byta karriär, avbryta en relation, bryta med en vän eller flytta.

Vad är det du tänker på just nu? Som du kanske till och med tänker att du ska göra sedan, men inte just nu…?

Vissa val du gör ger näring till ditt inre offer och det är en god idé att bli medveten om dessa, och sakta i små steg börja göra mer som du egentligen vill och innerst inne vet är bättre för dig och din väg framåt. Lita till din intuition och till de signaler din kropp ger dig.

Känns det svårt att veta vilka de här valen är för dig just nu, så bara slappna av och låt det komma till dig framöver. Det är okej.

Reflektera även över hur mycket glädje eller njutning kan du *tillåta* dig själv att uppleva? När vi inte är vana med förlängda tillstånd av lycka och glädje, kan vi ofta omedvetet känna att vi måste balansera det glädjande med något sämre, och därför skapa en tyngre upplevelse istället.

Landa

LÅT   VARJE   RAD   LANDA

Jag landar

Stannar upp

Den här stunden räknas

Just nu

Andas

Allt som känns räknas

Jag är okej

Precis här

Precis nu

Stannar upp

I stillhet

Just nu

Just nu bara finns jag

Jag känns

Jag känner

Jag finns

Just nu

Här

Här

Här

Nu

Andas

·

Ett beroende?

Tyvärr känns det ofta lättare att fortsätta i det tunga än att möta det. Det beror dels på en rädsla att känna det svåra, att släppa fram undantryckta känslor, och en rädsla för det okända.

"Hur blir det om jag inte är i det här, som ju är mörkt eller trist men ändå välbekant?"

Vi är också ofta passiva till att förändra vår situation på grund av att vi har ett slags mänskligt beroende till lidande.

Offret inom dig vill fortsätta, hon är ju inte tillfreds ännu, men det är inte den delen av dig som någonsin kan bli tillfreds. Offret vill fortsatt bli bekräftat och därför bidra till känslan av att DU existerar.

Men kanske har du märkt hur det hela tiden finns en längtan inom dig? En längtan till harmoni, fullkomlig tillfredsställelse och total lycka som varje människa någonstans delar med dig. Den här inre längtan efter harmoni, är en drivkraft och vägvisare tillbaka till kärleken; den villkorslösa, oändliga. Det är en längtan tillbaka HEM. Till dig själv. Ditt sanna jag.

Din sanna essens är allt detta. Du är harmoni, tillfredsställelse, lycka, villkorslös bottenlös kärlek och mer.

Prova tanken att möta lidandet som ett beroende, en vana som du vill bryta. Och kom ihåg att förändra en vana är svårt och görs bäst i små steg utan krav på framsteg.

Att börja se tendensen att hålla fast vid sätt att bekräfta situationen och din tolkning av den, och förlänga den med tankar och kommentarer om den, är första steget. Det har nog redan börjat för dig, låt det bara ske mer och mer. Låt medvetenheten växa fram och se dina beteenden, reaktioner och svar till situationer med nya ögon.

Var dock medveten om att tankarna kommer att motivera ditt sätt med förstärkt beslutsamhet. Lyssna inte så mycket på dem. Öppna upp för att se situationer och din egen roll på nya sätt.

Anamma attityden att du kan prova.

Skiftet är inte för alltid, utan du kan prova. Kanske behöver du säga till ditt sinne att "det betyder inte att det inte är synd om dig egentligen"… men att du tillåter ett nytt perspektiv att komma in är en utomordentligt bra början.

Att sedan möta dig själv med kärlek och tolerans när du upptäcker hur du agerar och hur du tänker. När det är svårt att tänka annorlunda, när det är motigt att stanna upp. Då kan du prova att koppla på din alldeles egna inre mödrakärlek. Till dig själv. Att hålla sig själv med kärlek utan krav och total acceptans är djupt läkande och skapar en tillåtande atmosfär och rum för förändring.

Att stanna upp och vara okej med hur det än är. Hur knasigt ditt beteende än känns. Det är oerhört lätt att döma sig själv för att inte göra framsteg eller för att inte kunna släppa tanken eller för att ha tankemönstret från första början.

Det här dömandet är ofta starkt och när du blir medveten om det, börjar du döma dig för att du dömer dig själv. Det är bara att acceptera och släppa i små steg. Det är okej. Det är faktiskt okej.

Det är som det är, men att acceptera det som det är betyder inte att du inte rör dig framåt. De här små medvetna stegen är oerhört viktiga steg i rätt riktning.

Att förändra en vana att döma sig själv, att tänka självkritiserande tankar och självömkande offeruttryck är som att bryta ett beroende och bör ses som det.

Att i naken uppriktighet, se dig själv som en missbrukare av offermentalitet kan faktiskt hjälpa dig att älska dig själv genom förändringen. Hur skulle du behandla en kär vän som fastnat i ett beroende av annan karaktär? Vissa dömer snabbt ut och förkastar personen, men om du skulle förstå och älska denne genom det, skulle inte det hjälpa personen mer?

Att bli älskad och hållen genom en svår tid är en oerhört viktig faktor och den kan du ge till dig själv. Du ger den till dig själv allra bäst.

Kärlek

LÅT VARJE RAD LANDA

Just nu

Jag är här

Modig

Utmanar mig själv

Just nu

Det som är

Är just nu

Här

Just nu

Det är okej

Alla reaktioner

Alla tankar

Det är okej

Oavsett

Så älskar jag mig själv

Här

Just nu

Kärlek

Kärlek

Acceptans

Kärlek

Jag håller om mig själv

I kärlek

Jag håller mig själv

Här

Nu

Stilla

Finns jag

Precis som jag är

Modig

Nu

Jag älskar

Mig

Nu

Här

Här

·

Tankarnas osanning

Sinnet kan tyckas omöjligt att förstå, men det finns struktur och logik i hur det fungerar. Genom att intellektuellt förstå sinnet bättre blir det lättare att släppa taget om tankarna och börja lita mer på din intuition och balansera tillvaron på ett nytt harmoniskt sätt.

Att tanke skapar känsla är ett välkänt förhållande och betyder att en tanke i sinnet överförs på något magiskt sätt till kroppen som utifrån den abstrakta tanken skapar en väldigt verklig och fysisk känsla i kroppen.

Positiva tankar föder positiva känslor och negativa tankar föder negativa känslor.

Det är dock inte alltid så lätt att bara skifta tankemönster och tänka positivt. En djupare förståelse för hur tankarna fungerar behövs och den inre upplevelsen av dess funktion.

Vill du att jag ska vara helt ärlig?

Tankarna och sinnet talar inte sanning.

De beskriver upplevelsen i nuet utifrån dess egen tolkning och tar inte så stor hänsyn till hur det verkligen ligger till *just nu*. De påverkas av sådant som skett förut och skapar känslor och beräknar risker utifrån det.

Föreställ dig att du har på dig ett par glasögon och ser världen och dessa skeenden genom ett par färgade glas. Den förvrängda linsen har färgats av tidigare upplevelser och du tenderar att tolka en helt ny situation påverkad av tidigare upplevelser. Sinnets färgade tolkningar påverkar hur du upplever situationen och hur du nu interagerar med andra.

~

Ett fartyg färdades vant på ett böljande hav. Nere i maskinrummet räknade navigatören ut riktning och framfart utifrån data från föregående dagar. Han kände stormen som vrålade där ute och kom ihåg den förra stormen som varade i veckor.

Tyvärr stod han inte uppe på däck och såg hur det låg till just nu, att himlen var blå och havet stillsamt längre fram. De vände om och fortsatte genom stormen, allt längre ifrån att nå sitt mål.

~

Liksom navigatören grundar sinnet sina rekommendationer till dig på gammal data. Gammal irrelevant data.

Okej, det kan vara relevant när det kommer till att undvika risker i form av lejon, bråddjup och trafik, det är så det är programmerat att skydda dig från faror, men trots att riskerna i vardagen numer är väldigt små, görs de större och viktiga av sinnet som tar sin uppgift på stort allvar.

”Gör inte så, därför att…” ”Jag måste göra detta nu, annars….” och det bygger upp en inre stress och ansträngning i vardagen. Dessa relativt små riskbedömningar skapar så mycket vi känner att vi måste göra, ”annars…”

Prova att ifrågasätta dessa små riskbedömningar och till och med vägra handlingen. Se vad som sker. Är det verkligen så viktigt att göra just det *nu*? Kanske bjuder nuet på något mycket viktigare om du är närvarande nog att se det.

Varför skapas obehag idag för gårdagens oförrätt?

"Jag kommer ihåg när jag stod i hallen i vårt radhus som trettonåring och igen möttes av vredesutbrott. Varje dag gällde det att gå på äggskal för att inte uppröra. Aggressiviteten var irrationell och slängdes över mig med höga skrik och hårda ord som fick världen att svikta då jag som alla barn tog emot det personligt och jag kände mig värdelös även av irrationella anklagelser.

Denna dag i hallen blev jag återigen föremål för den bottenlösa vreden men något hände inom mig. Då anledningen var att jag lämnat en penna framme, tydligen på fel ställe, så blev det klart för mig att det inte är mitt fel att hen var så arg. Det var inte heller jag som lagt pennan där och att meddela det gjorde ingen skillnad.

I den situationen blev det tydligt för mig hur det var en personlig uppfattning som var avgörande. Inte sanningen. Jag kunde inte påverka reaktionen med förklaring om missförståndet. Hen behövde vara arg på grund av sin bakgrund eller inre liv. Det handlade inte om mig. Eller om pennan. Det var inte jag eller vad jag gjorde som var orsaken. Det var något inombords som orsakade vreden. Denna förståelse banade väg för min djupt självreflekterande inre resa och jag är oerhört tacksam."

~

Tankarna skapar smärta i nuet för sådant som smärtade förut. Genom att upprepa kommentarer inombords om sådant som hänt förut skapas känslor kring det igen. Mer eller mindre omedvetet.

Om någon sa något sårande till dig igår, bara fundera över vad det är som skapar obehagskänslor i dig idag, hela 24 h senare? Är det agerandet i sig, eller är det dina tankar om agerandet? Det här är en viktig åtskillnad att göra och kan ta ett tag, men se i din vardag vad det egentligen är som skapar obehag.

• Är det händelsen i sig?

• Eller dina tankar om händelsen och dina tolkningar om vad det betyder i relation till *dig*?

Är det något som påverkar dig *direkt just nu (som t.ex. ett fysiskt slag mot din kropp)*, eller är det tankar som kommenterar, dömer, analyserar, tolkar och drar slutsatser som gör ont?

Även i nuet, vad är det som orsakar lidande? Är det personen som säger något kränkande som orsakar lidandet inom dig, eller är det hur du tar emot orden som skapar lidande?

En viss person kan t.ex. vara opåverkbar och lätt låta kränkande ord glida av sig som vatten på en gås, och för en annan person går orden rakt in och gör så ont. Den här skillnaden belyser vad det är som sker.

Det är dina tolkningar, baserade på tidigare händelser som skapat lidande, som skapar möjlighet för dig att känna oläkta sår igen för att läka dem. Inte för att förlänga lidandet ytterligare.

Tankarna uppstår som en reflektion över vad som redan finns lagrat inom dig. Lagrat i din energikropp, dina cellminnen och subtila system som är svårt att få grepp om.

Hur som helst så minns sinne och kropp tidigare upplevelser, speciellt om de var traumatiska eller negativt känsloladdade. Detta kallar jag inre sår. Energi från detta oläkta skapar en tankegång som reflekterar hur du upplever nuvarande situation i relation till din tidigare upplevelse.

Hur du förstår bakgrunden till, och i sin tur hur du agerar, i en reaktiv situation skapar möjlighet till att frigöra den lagrade energin i såret och läka det.

Att förstå hur sinnet fungerar ger enkelt sett två möjligheter:

1. Att låta tolkningarna föra fram oläkta sår för läkning.

2. Att se bortom tankarnas tolkningar och *avidentifiera dig med tankarna och sinnets historier* som ligger till grund för det begränsade Jagets identitet.

Bästa sätt att börja förstå sinnet är att bli mer medveten i vardagen, och stunder av meditation är en ypperlig plats att börja observera innehållet i din upplevelse. Ofta betyder det att observera tankar och känslor.

Mindfulness i ett nötskal

Mindfulness är närvaron som uppstår i nuet när du upplever utan att döma.

När du utövar mindfulness-meditation, tränar du att med avsikt rikta din uppmärksamhet på nuet.

Sedan kan du ta med dig din nya superpower, ditt avsiktliga fokus, in i vardagen, och leva mer i samklang med det som pågår runt omkring dig.

Som människor har vi en tendens att fastna i tankesnurror och återuppleva obehagliga händelser i våra tankar. Detta skapar onödiga negativa känslor som stannar kvar långt efter händelsen är förbi.

I vårt sinne, kritiserar vi också oss själva, kommenterar det som sker och pratar illa om andra. Vi tenderar också att försöka förutspå framtiden och planerar vad vi ska göra och vad som bör ske härnäst, istället för att vara närvarande och uppleva *det här* ögonblicket och alla nyanser, möjligheter och skönheten som finns här och nu.

Vi kan öva upp medveten närvaro med hjälp av: andningen, kroppsliga sensationer, tankar, känslor, ljud och synintryck.

Det forskas om Mindfulness och dess fördelar, på många håll, och med fantastiska resultat. Nu vet vi t.ex. att det bildas nya nervbanor i hjärnan när vi mediterar (vi föds alltså inte med en statisk hjärna som inte kan förändras, som vetenskapen tidigare trodde). Det här betyder att om vi går och är arga ofta, så utvecklar hjärnan nervbanor som gör att det blir lättare att vara arg. Och när vi mediterar, så utvecklar hjärnan nervbanor som gör att det blir lättare och lättare att meditera.

När vi övar Mindfulness, så utvecklas även hjärnans områden för medkänsla och vänlighet och vi upplever ökat välmående, glädje och inre harmoni, minskad stress, depression och ångest, ett starkare immunförsvar, lägre blodtryck, förbättrad förmåga att fokusera och koncentrera sig och mycket mer.

Allt vi vill är att vara lyckliga, eller hur? Nyckeln till lyckan finns utan tvekan i nuet.

Att börja meditera

Det kan vara en hjälp att ha en bestämd meditationsrutin varje dag för att ge struktur och stöd till stunder i stillhet. Om detta inte händer för dig från början, oroa dig inte. Ge dig själv tid att låta din nya rutin långsamt få integreras med andra dagliga rutiner och göromål. Det kan hjälpa att sätta sig ner och fundera på när under dagen är ett bra tillfälle, eller hur kan en sådan stund skapas. Kom ihåg attityden att du kan prova. Du kan prova en tidpunkt, och sen byta. En förändring är inte statisk och behöver inte alltid bestå. Du kan prova ett sätt för att sedan prova något annat.

1. En plats att sitta

Hitta en plats där du kan sitta och gör detta till din meditationsplats. Det kan vara på golvet framför soffan, i soffan, på en matsalsstol, på golvet i ett hörn i ett rum, på din säng, vid köksbordet. Använd någon fin sak att markera och påminna dig om din avsikt. Kanske ett ljus, symbolisk figurin eller blomma.

2. Ett sätt att sitta på

Är underlaget mjuk så sätt dig på kanten av en kudde. Försök att tippa ner ditt bäcken (mage fram) tills du känner att din ryggrad kan vara rak utan stor ansträngning. Hitta ett sätt att sitta som gör att du känner dig stolt, värdig och uppmärksam. En alert kropp ger ett alert sinne.

Du kan även sitta med ryggen och huvudet mot en vägg/stolsrygg eller ligga ner för en mer avslappnad stund. Då kan det passa att bara släppa taget och slappna av in i det som är, än att fokuserat koncentrera dig på andning då en mer alert och upprätt ryggrad passar bättre.

3. Ostörd

Se till att du får vara så ostörd som möjligt. Det betyder inte att det måste vara knäpptyst omkring dig, utan mer att du inte ska behöva avbryta dig för samtal eller annat. Förklara för familjemedlemmar att det här nu blir stunder för dig att vara i avskildhet och att du inte får störas. Kanske kan du stänga en dörr om dig, eller bara meddela att ingen kan prata med dig när du sitter och blundar.

4. Grundläggande instruktioner

Slut dina ögon, slappna av i din kropp.

Fokusera på din andning, känna hur det känns att andas, hur det känns när luften sugs in i kroppen, kanske i näsborrarna, bröstet eller magen.

När din uppmärksamhet följer en tanke, och du märker detta (grattis!) väljer du att med avsikt rikta din uppmärksamhet tillbaka till din andning igen.

Och igen, och igen, och igen...

Det låter enkelt, det *är* enkelt, men det är inte helt lätt.

5. Hitta hjälpmedel som fungerar för dig

I början är det inte lätt att meditera helt på egen hand, så jag uppmuntrar dig att hitta en App som du gillar, som vägleder dig genom meditationen. Du kan även använda en meditationstimer eller musik om du kan meditera på egen hand.

När mindfulness inte räcker

Mindfulness hjälper mot stress och bidrar till ökat välmående, inte bara genom att hjärnan tränas på olika sätt, vilket också är sant, men även därför att du ger dig själv <u>utrymme för läkning</u>.

Det gör du genom att

a. Stanna med känslorna.

b. Observera och bli medveten om återkommande tankemönster.

c. Se sammanhang av tankens berättelse i nuet och din bakgrund.

d. Älska dig själv i det som då känns.

e. Förlåta dig själv och andra.

Inom mindfulness lär vi oss att vi ska öva på att släppa taget om tankarna och vara i nuet med avsiktlig uppmärksam här och nu. Då påverkas vi inte av tankar och de känsloladdade historier och minnen de förmedlar. Men ibland måste vi få förstå tankarna först. Eftersom vi har prioriterat vårt logiska sinne så länge (över vår intuition), så kan det vara svårt att släppa tankemönster vi inte förstår.

De mest ihärdiga tankarna, och efterföljande känslor, är också där för att pocka på vår uppmärksamhet och få oss att titta närmare på vad de vill säga och tillåta oss att känna känslorna som uppstår.

Tankar och känslor är tätt sammankopplade, och orsakar och påverkar varandra. Tänker du en tanke och sedan känner bitterhet t.ex. kan det vara så att det finns bitterhet redan som behöver ventileras och kännas för att rensas ut och tanken uppstår på grund av det. Sinnet skapar en tolkning av en uppkommen situation, hittar på en berättelse som sätter dig i sammanhanget på ett visst sätt, färgat av lagrad information från tidigare. Ofta är den inte helt sann. Speciellt inte när reaktiva eller negativa känslor är inblandade.

Vi tror ofta helt på vad tanken säger och fokuserar på det, när den i själva verket bara belyser en känsla som redan fanns lagrad inombords. Agerar vi efter den uppkomna tolkningen förstärker vi den lagrade känslan istället för att rensa ut den.

Tankar kan därmed hjälpa till att locka fram undantryckta känslor men även locka fram och skapa önskade känslor. Med tankarna kan du välja att förstärka eller förminska känslor genom hur du tänker.

Det finns ofta sammanhang i vår bakgrund som vi behöver uppmärksamma och läka, innan vi kan släppa envisa tankar och inte längre bli känslomässigt engagerade i dem.

Mindfulness är en bra början, men det är i det inre arbetet du läker och kan gå vidare på ett mer omvälvande vis.

Med det sagt är det trots allt en god idé att lossa på greppet vi initialt håller om tankarna och sätta värde på tystnaden mellan och bakom dem. Där finns nämligen en genväg till inre lugn och harmoni, och till upplysningen…

Då sinnet ofta befinner sig i en slags anspänd kramp och ska kontrollera och kommentera precis allt, så i nästa avsnitt följer en samling tips på hur du kan släppa tankarna lättare.

Att släppa tankarna

Ett steg på vägen är att aktivt inte lyssna så mycket på tankarna men då det kan vara svårt att åstadkomma till en början kommer här ett antal tekniker, som med fördel kan användas i en stunds meditation men också i vardagen.

Att sätta sig i stillhet en stund om dagen ger dig möjlighet att öva på att släppa taget om tankarna, vilket i förlängningen hjälper dig att släppa taget om den identifiering som håller fast i falska bilder och uppfattningar om dig själv. Det ger dig också en stund att i stillhet känna känslor och om du inte mediterat innan kan bara det att sitta i stillsam närvaro med dig själv starta processen av inre läkning och det som hållits undan får möjlighet att komma fram. Det är en fantastisk del av processen.

1. Att öka medvetenheten

Oavsett om du har en självreflekterande natur, en meditationsrutin redan eller precis börjat bli mer medveten om innehållet i dina tankar, så är detta det första viktiga steget.

Sitt i meditation, och backa till att bara observera och titta utifrån på dina tankar. Observera innehållet i dem utan att konsumeras av dem.

2. Att öva mindfulness

Mindfulness-meditation är ett sätt att öka medvetenheten, men är även en övning i att släppa taget, där du övar genom att fokusera på andningen. Skifta din direkta uppmärksamhet bort från dina tankar och istället till andningen. När en tanke blir påträngande så notera det och släpp taget om den. Rikta om fokus till andningen. Igen och igen.

3. Tack så mycket!

Tacka ditt sinne för ett jobb väl utfört:

"Tack så mycket för den här tanken, men jag behöver inte fokusera på det just nu".

Det är nästan som om det tänkande sinnet ibland bara behöver veta att du har hört det.

4. Etiketter

Att sätta etiketter på tankarna skapar lite distans till dem och du kommer lättare in i observation istället för okontrollerat deltagande:

"Planerande"

"Onödigt oroande"

"Upprepande av berättelse"

"En påhittad konversation med mig själv"

"Försöker förutse framtiden"

"Kommentarer"

"Analys"

"Spekulation"

"Planerar en konversation"

Eller vad som passar dig.

Att sätta etiketter på upprepande tankar gör det lättare för dig att känna igen dem nästa gång, inte konsumeras av dem, inte ge dem uppmärksamhet, släppa taget och inte bli bortsvept i associerande kedjor av nya spekulerande tankar.

5. Bakgrundsbrus

Tänk dig att ha en TV, radio eller podcast på i bakgrunden. Innehållet är inte intressant, och ofta är det ganska negativt. Du lyssnar inte egentligen, du tittar inte eller uppmärksammar innehållet, utan låter det bara vara på i bakgrunden.

När sinnet envist upprepar tankar kan du föreställa dig att de bara är ett ointressant bakgrundsbrus, kanske säger du tyst för dig själv: "Bla

bla bla". Detta skapar ett avstånd mellan tanken och din medvetenhet och ditt fokus kan lättare riktas på det du väljer att fokusera på.

6. Moln

Låt din tanke sväva bort på ett litet moln på en blå fridfull himmel. Observera att tankarna bara uppstår och försvinner, som förslag till dig, som du kan välja att inte nappa på.

7. Fråga frågor

Vill du undersöka innehållet mer så ställ följande frågor. Ofta finner vi att vi då genomskådar tanken och att den inte bär på så viktig information trots allt.

• Är det tillfredsställande på något sätt att fokusera på dessa tankar?

• Hur gammal är den här historien?

• Vad handlar det här om, egentligen?

Beroende på svaren kan det antingen bli lättare att nu släppa tanken, eller att agera i enlighet med budskapet.

8. Skriv ner tanken

Skriv ner tanken på en bit papper, riv sönder och släng den. Detta kan göras i verkligheten eller i fantasin.

I fantasin kan du även skriva ut det framför dig i luften, blåsa bort det eller skriva det på en svart tavla med krita och torka tavlan ren.

Prova olika saker och hitta det som fungerar för dig.

Tillit

För att kunna lita till att du kan välja att släppa dina tankar måste du veta att dina tankar inte berättar hela sanningen och att du inte behöver lyssna på dem hela tiden.

Det som verkligen är viktigt kommer att komma tillbaka. Du kommer att veta det du behöver veta.

Lita på att du har en inre kunskap och vägledning, som inte kommer genom ditt sinne. Den kommer genom din intuition och din intuition är många gånger mer sann, än sinnets tankar.

Självkärlek, varför är det så svårt?

Genom stunder av tystnad, meditation och reflektion kan du vända uppmärksamheten inåt för att se hur du egentligen mår, tänker och känner och främja kontakten med dig själv.

En av de viktigaste sakerna du kan göra i livet är att ta hand om dig själv. Det är först då du kan vara där för andra. Ändå försakar vi ofta sann egenvård och prioriterar bort egna behov.

I god kontakt med vår inre harmoni kan vi vara fullt närvarande för oss själva såväl som andra och fatta bra beslut, och bidra till en balanserad tillvaro för alla.

Så varför är det så svårt?

De flesta av oss växer upp med utmanande föräldrarelationer, små eller stora trauman, "socialisering" där vi lär oss vad vi ska dölja hos oss själva som inte hör hemma i den sociala gruppen eller familjen vi befinner oss i. I våra upplevelser lär vi oss hur vi borde vara eller göra för att bli älskade och accepterade.

På ett sätt lär vi oss att vi inte är älskvärda för exakt den vi är.

Sedan dess har de flesta av oss aspekter av oss själva, kända för oss eller inte, som vi inte älskar.

Vi fokuserar på saker i livet som vi känner att vi borde och som förväntas av oss, men är det verkligen i linje med dina önskemål, behov och längtan?

Detta är en av anledningarna till att vi arbetar för hårt, till utmattning till och med, eller blir sjuka. Vi sätter andras behov före våra egna och anpassar oss efter andras förväntningar. När vi dessutom inte tar hand om oss själva och ger oss den näring och kärlek vi behöver blir det obalans.

Genom att ge dig själv mer kärlek kan du omforma sinne och vanor och hur du ser på dig själv, vilket i sin tur leder till en större förmåga att göra val som faktiskt är riktigt bra för dig. Det blir lättare att välja hälsosam god mat framför skräpmat eller meditation framför tv, eller glädjande samtal och möten, träning eller kreativa uttryck som dans, sång och musik. Just för att du känner att du är värd det.

Dina sanna behov blir tydliga och det blir lättare för dig att göra val som genuint uppfyller dessa behov.

Den magiska kombinationen av meditation och självkärlek gör dig mer medveten om dina tankar och hjälper dig att lägga märke till när du kritiserar dig själv och att älska de aspekter av dig som längtar efter den djupaste kärleken.

Med självkärlek kan du möta det du upptäcker när du blir mer medveten utan att döma dig själv och därmed skapa förändring på allvar.

Det är med självkärlek som det inre offret till slut tystas.

Det är med självkärlek du läker inre sår.

Det är med självkärlek du släpper taget om det som står i vägen för upplysning.

Det är genom den djupaste självkärleken du kommer i kontakt med den villkorslösa kärleken som är din upplysta sanna essens.

Men eftersom det kan vara svårt att direkt dyka in i den här stora omfamnande kärleken kan du börja med att göra små mer praktiska vardagsförändringar. För att öva och kultivera förmågan till självkärlek och expandera dess omfång inombords.

Genom att göra saker för dig själv, små kärleksfulla saker i vardagen, kan du kultivera självkärleken små steg i taget och sakta komma i kontakt med den större djupare villkorslösa kärleken.

ÖVNING

GE DIG SJÄLV MER KÄRLEK

Håller du med om att det är viktigt att ta hand om sig själv?

Du ÄR värd mer kärlek

Du vet det, eller hur?

Är du beredd på att göra några små förändringar...?

För att bli lite mer närvarande, balanserad och harmonisk...

Ja, du kan

Låt oss nu skapa en kärleksfull ritual för din vardag

116

Att påminna dig om att du älskar dig själv

Att du värderar ditt välmående högt

Att du har makten att förändra

Bestäm dig för en liten sak du kan göra i vardagen

Låt dig inspireras:

- Ett bad med några droppar välluktande olja och salt i.
- Sätt på musik du gillar när du duschar om vardagarna (du kan använda din telefon).
- Smörj in hela din vackra kropp med en välluktande fuktkräm VARJE morgon (det tar max en minut).
- Ge dig själv en ansiktsmask ett par gånger i veckan.
- Läs en bra bok eller tidningsmagasin istället för att se på TV eller scrolla på telefonen.
- Gå på en kvällspromenad med dig själv.
- Skriv en tacksamhets-journal.
- Yoga, även om bara 5 minuter.

- Säg något fint till dig själv i spegeln.
- Fixa håret, som om du skulle på fest, varje morgon (Har du barn så vet du att detta kan gå riktigt fort).
- Köpa blommor till dig själv varje vecka.

Ta en stund till att bestämma dig

Älskar du det?

Kom ihåg

Det behöver inte bli rätt varje gång

Låt dig själv misslyckas, det är faktiskt helt okej

Älska dig själv som den ofullkomliga men perfekta människa du är!

Och ge dig själv detta

Tala sanning till dig själv, med vänlighet och kärlek

Och skapa en kärleksfull ritual eller ny vana som passar *ditt* liv

·

Obalans mellan logik och intuition

I väst är vi uppmuntrade sedan barnsben att använda den vänstra hjärnhalvan och nästan förringa den högra hjärnhalvans intelligens.

När vår intuition i själva verket är vår starkaste och mest sanna vägvisare, vår naturliga instinkt, överanstränger vi den vänstra hjärnans funktion och litar mer på den logiska intelligensen än den intuitiva intelligensen.

Trots det använder vi vår intuition bra mycket mer än vi ofta anar och sedan tillskriver vi logik till våra val, helt omedvetet.

Någonstans lärde vi oss att det som inte kan beskrivas logiskt eller motiveras med bevis inte går att lita på, tas för att vara sant eller ge den mest tillförlitliga vägledningen.

Det beror dels på att sinnet vill veta exakt varför och dels på att sinnet bygger sin tillit efter bevis på att det har fungerat innan, så **sinnet behöver bevis** från tidigare erfarenhet för att lita på att den oförklarliga riktningen är den du ska ta.

Det kan alltså vara förvirrande för sinne och logik när du börjar skifta livet i en ny riktning.

Nu när du blir mer medveten om ditt beteende, de inre sammanhangen och börjar tänka på nya sätt och agera mer i enlighet med ditt hjärta i vardagens många små val, så håll ditt sinne i kärlek och förståelse om det blir förvirrat och inte kan godta förklaringar till dina val, som nu kanske mer än innan baseras mer på instinkt, känsla och inre vetande än logisk handlingsordning.

De nya valen du gör kommer att komma mer från din intuition än din intelligens, så lita till instinkterna du får och agera efter dem även om du inte vet exakt var det kommer att leda.

Intelligensen är din väktare och står vakt, beräknar risker och meddelar dig. DU avgör sedan i ett balanserat övervägande, med intuitionen som din nya bästa vän.

Intuitionens olika språk

Intuitiv information kan komma till dig på många olika vis och liksom du har fem olika fysiska sinnen (känsel, hörsel, syn, lukt och smak) har du möjlighet att uppleva åtta intuitiva sinnen som utvecklas ju mer du litar på och använder dem.

Många känner att ett eller ett par av dessa språk är dominant och det finns inget som är bättre eller sämre än något annat. Din inre röst, magkänsla, intuitiva vägledning, behöver inte heller vara på ett speciellt sätt. Det är unikt för dig. Lita på dig själv, din intuition, och öppna upp för att följa intuitiva impulser lite mer. Du kan alltid prova.

Ha i åtanke att du inte behöver blir ett medium och tala med andar för att värdesätta intuitionen. Att medvetet lita på din intuition är ett ovärderligt hjälpmedel för att inte blint förlita dig alltför mycket på tankar och sinne som lätt färgas av känslomässiga tolkningar.

Klarsyn

Genom klart seende, klarsyn, mottar du sensoriska intryck och symboler i form av mentala bilder genom det inre seendet. Du drömmer tydliga drömmar, ser visioner, mentala bilder eller mini- filmer som blinkar in i din inre medvetenhet.

Klar hörsel

Genom klart hörande kommer intuitiv information genom ljud och du uppfattar det med din inre eller yttre hörsel. Du kan då uppleva ljud, ord, toner, rytm och musik. Ja, det är att faktiskt höra röster eller höra låtar med budskap. Antingen utanför dig själv eller inne i ditt huvud.

Klart fysiskt kännande

Genom klart fysiskt kännande får du intuitiv insikt genom en fysisk upplevelse i din kropp. Du får en "magkänsla" eller känner "att något inte känns rätt", och upplever det fysiskt i din kropp. Du känner och upplever fysiskt (inte bara uppfattar) andra människors känslor, sjukdomar eller skador.

Klart känslomässigt kännande

Genom klart känslomässigt kännande kan du uppfatta andra människors känslor, tankar och symtom. Du blir intuitivt medvetenheten om känslomässig energi. Du upplever inte nödvändigtvis känslan i din kropp, men du är medveten om känslan.

Klart vetande

Genom klart vetande bara vet du saker och ting och när något är sant eller inte.

Trots att du inte sett, hört eller känner till något om det, så bara vet du. Det är snabba intuitiva insikter som inte behöver någon tolkning. Det kan upplevas som en gnagande tanke eller idé som inte släpper förrän du följer den. Eller som när du vet att någon ljuger för dig utan förklaring till hur du vet det.

Klart smaksinne

Genom klart smaksinne kommer intuitiv information genom att du upplever smak i munnen, utan fysisk källa, som påminner dig om något. Det en särskild smak får dig att associera till är din ledtråd och vägledning.

Till exempel får polisens brottsutredare ibland en oförklarlig smak i munnen, som blod eller en viss kemikalie som relaterar till ett läkemedel, vilket ger dem den vägledning de behöver för att ta reda på vad som verkligen hände.

Klart luktsinne

Genom klart luktsinne kommer insikter genom luktuppfattning, som t.ex. dofter eller

lukt av ett ämne, person, plats eller djur som inte finns i din omedelbara omgivning. Lukten uppfattas utan användning av din fysiska näsa och påminner kanske om en person du behöver kontakta.

Klar beröring

Genom klar beröring har du förmåga att uppfatta fakta om en händelse eller person genom kontakt med ett objekt eller person. Detta är också känt som psykometri. Insikter kan komma när du håller någons klocka, någons hand eller när du hämtar en gammal antikvitet på en loppmarknad eller rör vid en gammal byggnad.

~

Genom denna översikt önskar jag ge dig mer tillit till att lita till intuitiva impulser utan att nödvändigtvis grubbla så mycket på detaljerna kring hur och varför.

Om du känner till att information om en situation och vad din respons bör vara kan komma genom ett brett spektrum av intuitiva vägar kan du slappna av i sinnet och inte söka logisk förklaring till din magkänsla och därmed analysera och motivera sönder den intuitiva informationen.

Låt sinnet vara en smula ovetande.

Släpp taget om tankarna och deras logiska tyngd.

Öppna upp för din intuitiva intelligens.

Meditation och inre arbete

Det går inte att komma ifrån att stunder i stillhet är vägen genom mörker, genom sinnets dominans till ljusare tider, ett ökat medvetande och slutligen självinsikt och upplysning.

Vägen till att ta en stund att sitta i stillhet är också en viktig pusselbit i förändringsprocessen. Detta på grund av att det är vanligt att det uppstår ett visst motstånd som vi får tillfälle att möta och överkomma.

Vad är det inom dig som inte vill möta stunden? Vad är det inom dig som behöver komma fram och som kommer fram när du stannar upp? Vad är det som gör att du väljer distraktioner istället? Motståndet är närvarande och behöver mötas för att komma vidare.

Att sitta still och fokusera inåt är där vi börjar.

Tankarna kommer att kommentera, analysera, värdera, ha små samtal med dig och distrahera dig på en massa olika vis, och det är okej. Fokusera på stillheten i pausen mellan andetagen. Där är det tyst och stilla. Kom tillbaka hit, gång på gång.

I ett tidigt skede blir ofta meditationen en stund av inre arbete och läkning snarare än stillsam bliss. Man kan observera tre olika skeenden; *Stillhet*, *Inre analys* och *Känslomässig utrensning*.

Dessa tre skeenden går ofta in i varandra och är alla delar av "inre arbete". Inre arbete är där du möjliggör för inre läkning att ske och insikter att komma till dig. Ett skeende följs naturligt av ett annat, utan specifik inbördes ordning.

Stillhet

Ofta känner vi att det är slöseri med tid att sitta still och vända fokus inåt. Det beror på att till en början vänder vårt medvetande sig utåt och finner bekräftelse för sin existens utifrån och vi upplever tillfredsställelse från yttre ting.

Men då du aldrig kan hitta din sanna natur utanför dig (och det är kontakten med din sanna natur som leder till harmoni) behöver du så småningom vända uppmärksamheten inåt. Det är inte själviskt eller slöseri med tid. Genom den här processen blir du mer kärleksfull, harmonisk och även effektiv. Det gynnar alla omkring dig.

Den del av dig som vill få saker och ting gjorda och inte slösa med tid, är dessutom den del av dig som behöver släppa dess grepp om tillfredsställelse utifrån.

Fokusera och känn stillheten inom dig, i pausen mellan andetagen. Öva på att släppa tankarna och återgå hit, om och om igen.

Genom att spendera tid här i stillheten, kommer du närmare och närmare din sanna natur. **Stillhet betyder inte att ingenting blir gjort. Tvärtom. I stillheten blir allt gjort.**

Inre analys

När stillheten inte går att nå och tankarna stormar, blir meditationen ett tillfälle för inre analys. Tanken berättar något du tänker och tycker om dig själv. Även om den till en början tycks berätta något om någon annan. Reflektera och vänd på meningen du berättar om någon annan som hakat upp sig inom dig. Se sammanhang till dig själv och din barndom och föräldrarelationer.

Fråga dig några av dessa eller liknande frågor:

• Hur triggas jag i den här situationen?

• Hur lyder berättelsen som jag berättar för mig själv?

• Vad är den djupare betydelsen?

• Är det sant?

• Vilken uppfattning om mig själv får näring av detta?

• Vilken roll spelar jag i den här berättelsen?

• Är jag ett offer, någon som utnyttjas, eller en förövare, en domare eller något annat?

• Vilka känslor rör det upp inom mig?

• Är historien sann?

Kan du se några samband med tidigare upplevelser?

Kanske upprepas händelser i ditt liv med historier som liknar denna?

Genom att klarsynt se den djupare innebörden av tankarnas berättelser och sambandet med din upplevelse i nuet, kan du släppa historien och se med nya ögon på dig själv. Kanske förlåta dig själv och andra på helt nya djup.

Lidande upplevs genom trauman och händelser i vår barndom och i dag, men vi ärver dessutom lidande från generationer tillbaka och bär omedvetet vidare lidandet och förlänger det genom att agera enligt samma mönster som tidigare generationer.

Vi gör det som gjordes.

Vi återskapar det som uppfattades.

Vi talar det som sades.

~

"När jag en dag hade skrikit så hårt mot mina barn, för att de inte tvättade händerna, hängde upp jackan, eller någon annan banal sak,

130

så satte jag mig i meditation och reflekterade över varför jag ibland blir så otroligt upprörd och vredgad rent ut sagt över dessa småsaker. Trots att jag för det mesta är lugnet och friden självt.

Med ärlighet och mod tittade jag på vad jag innerst inne tänkte och kände. Jag kände att det jag egentligen sa till mig själv inombords om mina barn var "kan de aldrig göra rätt!?" och blev upprörd över det i dessa triggade situationer. Jag blev också ledsen över att ha gjort så mot mina oskyldiga underbara barn, som bara var små och inte kunde förstå bättre.

Eftersom jag var en bit in på vägen av inre arbete så vände jag på rollerna och insåg att jag själv blivit utsatt för just den anklagelsen som barn. Då ett av budskapen jag tog med mig från min egen uppväxt var "Du kan aldrig göra rätt!" har det reflekterats mellan mig och mina barn och jag har därför gjort samma mot mina egna barn.

Offer och förövare hade bytt plats och genom den här insikten kunde jag förlåta både mig själv och den vuxne i min uppväxt genom förnyad förståelse och kärlek. I en dedikerad djup stund satte jag mig och kramade om mig själv och höll om den delen av mig själv, det lilla barnet som blev utsatt för den vuxnes frustration, ilska, uppgivenhet och besvikelse.

Jag kunde också se tillbaka på uppväxtens upplevelser av anklagelser och vrede med en ny förståelse. Kanske hade den vuxne också upplevt

131

saker i sin barndom? Det fick mig att känna en ny typ av kärlek till
hen och kunde lätt förlåta hen och mig själv på djupet för att ha blivit
så arg på barnen. Min upplevelse och agerande gentemot barnen
förändrades radikalt och helt naturligt efter den här insiktsfulla och
läkande stunden. Energin i det inre såret fanns inte där mer och jag
blev inte triggad igen."

Offer och förövare byter plats i möjligheterna att upplösas, genom olika liv, generationer och situationer. Smärta och inre sår ärvs genom generationer och om dina föräldrar inte läkte sitt inre, så förs det vidare till dig.

Efter en inre process som den ovan, kommer vardagen inte att trigga dig lika mycket med detta tankemönster som grund. Du kan möta situationer som tidigare triggat dig och behålla din inre glädje och lugn, helt naturligt, och se och uppfatta det som faktiskt sker i stunden precis så som det är utan påverkan från tolkningar och reaktioner.

Det leder till en känslomässig frihet med mer harmoni och glädje där du kan *svara* istället för att *reagera*.

Känslomässig utrensning

När du är upprörd och bara vill gråta, skrika eller på annat sätt uttrycka starka känslor så är stunden av stillhet för detta, för att skapa plats för känslan att mogna och komma ut. Känna känslan och ge uttryck för den.

När du kan, håll dig själv i den perfekta moderskärleken och älska den del av dig som lider. Detta utlopp av känslor är oerhört viktigt då det är lagrad energi som måste släppas fri.

Döm dig inte under tiden för att vara fjantig för att gråta över *det*. Ofta skapar sinnet en tanke som triggar dig till en viss känsla för att du ska få ut känslan, här är det inte tanken som är viktig egentligen och tanken har ofta inget fortsatt värde eller budskap efter utrensningen.

Har den det, om den fortsatt triggar dig till emotionell reaktion, är du inte klar i denna inre process. Det kan då få fortsätta mogna till ett senare tillfälle.

Bjud in dina känslor, läk med kärleken

När du känner dig överväldigad av känslor och vill gå djupare för att läka det, sätt dig för dig själv och se till att du inte blir störd. Stäng av telefon och bestäm dig för att det här är en stund bara för dig.

Slut ögonen och tillåt alla känslor att få ta plats och komma till uttryck genom gråt, skrik eller annat.

Tillåt alla tankar att härja fritt för en stund och låt dem förstärka dina känslor, och märk samtidigt att tankarna sätter fart på känslorna.

Lita på din intuition och när du så kan; kalla in din inre moder eller en känsla av den kärlek du skulle vilja få från en perfekt förälder i denna stund av förtvivlan.

Håll dig själv som du skulle ett litet barn och älska dig själv genom utsläppet av känslor. Ren kärlek. Djup kärlek.

Låt känslorna komma ut och stanna efter ett tag upp återupprepandet av tankar av hur hemskt det är eller vad som hände.

Tankarna skapar känslorna och tankarna förlänger känslorna så hitta en balans av att låta tankarna förstärka känslorna, så att de kan kännas och släppas fram och därigenom läka redan gjorda inre sår och undanhållna känslor, och att inte fastna i loopar av tankesnurror.

Låt stunden vägleda dig till stillhet.

Att i djupet av förtvivlan kalla fram din inre perfekta förälder, sätter dig i kontakt med den kärlek som kan se din smärta och läka dina inre sår.

~

"Jag saknade den där öppna famnen och varma kramen som förmedlade att det inte spelar någon roll vad jag gör eller hur jag är, jag kommer alltid att vara älskad. Det var tufft att inte bli hållen som sårat barn med rinnande tårar.

En dag beslöt jag mig för att sätta mig ner och vara min egen mamma i meditation. Jag visste hur våra inre sår behöver läka och med min dedikation till den här inre resan har jag tagit varje tillfälle att titta på triggade känslor och läka såren bakom.

Jag satte mig och slappnade av in i meditation och lät tankarna komma som om jag var det där lilla barnet, eller tonåringen, som undrade varför hon inte kom och höll om mig när jag blev orättvist anklagad och mottagare för sådan orimlig vrede. Jag kände mig uppgiven, ledsen, arg och jag kände skam över vem jag var, eftersom jag då inte var värd att älskas på det viset, och en sådan sorg över saknad moderskärlek vällde över mig.

Jag spelade sedan min egen mamma, samtidigt som jag kände allt och samtidigt var barnet, och kom och höll om mig så där som jag alltid önskat.

Jag försatte mig själv i den villkorslösa stora kärleken och gav mig själv det. Jag gav mig själv det som barnet längtade efter. Total förlåtelse och medkänsla kom över mig och djupet av den kärleken är obeskrivlig. **Det var första gången jag kände min sanna essens som opersonligt omotiverat villkorslöst kärleksmedvetande.**

Jag kände mig stärkt och läkt och hel och fullkomlig. Jag kände att jag nu helt naturligt kunde ge den villkorslösa kärleken till min egen mamma och förstå henne på ett nytt sätt. Total förlåtelse och obeskrivlig tacksamhet ersatte sorgen av avsaknad kärlek.

Kärleken var aldrig att få från någon annan utan att ge till sig själv. Genom att vara den.

Mamma, jag vill att du ska veta att jag älskar dig för precis den här gåvan du gav mig. Jag är oändligt tacksam. Jag önskar ingenting annorlunda."

•

Berättelser om jag, mig och mitt

Tankar gör sig ofta påminda och sinnet vill höras genom återupprepningar, tolkningar, kommentarer om dagen, kom-ihåg-påminnelser om framtiden mm.

Tankarnas innehåll är nästan uteslutande tankar om hur du relaterar till omgivningen. Det skapar ett förhållande mellan dig som subjekt och omgivningen som objekt. Det skapar en förstärkt uppfattning om *dig* och vad och vem du är.

Detta är inte helt och hållet dåligt, utan kommer med en solid uppfattning om världen och hur du förhåller dig till den. Men när en sådan uppfattning och upplevelse av världen skapar lidande och stagnation behöver den breddas för att med ett större perspektiv se vad det är som egentligen sker.

Berättelser om jag, mig och mitt skapar roller om oss själva som det ena eller det andra. Istället för att något bara sker, så "sker det mig" och berättelsen som uppstår i sinnet bekräftar den roll du uppfattar att du har, den personlighet och bestämda karaktärsdrag du känner att du har.

Kanske är tolkningarna om omgivningen och din roll i den inte hela sanningen?

Kanske finns det mer till en situation att ta in, eller mer bakom vad en person sa eller gjorde som inte betyder det du tror att det betyder.

Får sinnet härja fritt blir vi styrda av subjektiva tolkningar och personliga kommentarer av ett sinne som är färgat av tidigare upplevelser.

Försök att hitta dessa berättelser i din vardag och speciellt när du reagerar känslomässigt i en situation. Vad är det för berättelse som ditt sinne berättar för dig? Vad är det den bekräftar för dig?

Vardagens triggers är vägvisare till insikt

Våra upplevelser är unika och med bakgrund av just din uppväxt och erfarenheter kommer du att uppleva livet på ditt sätt, göra dina tolkningar och reagera på ditt vis. Det som kommer i din väg har kommit för din skull. Även det som är tufft och svårt. Det som triggar dig, det som får dig att bli känslomässigt upprörd och reaktiv, är i själva verket en hjälp för dig att komma till djupare insikt.

När du blir triggad och reaktiv har du möjlighet att göra inre arbete. Då finns där något som inte är helt i harmoni som kallar på uppmärksamhet.

Du kan leva livet och lära av livets lektioner långsamt, eller så tittar du noga på varje trigger allteftersom de uppkommer och accelererar din väg mot upplysning och insikt.

Att sitta en stund i inre analys efter ett emotionellt laddat tillfälle kan läka så mycket och ibland behöver vi inte alltid veta exakt vad det handlar om på djupet, ibland ska bara känslorna fram och bli hållna i kärlek.

Ibland behöver vi se att det inte handlar om den andra personen egentligen utan att deras beteende speglar vårt eget beteende eller uppfattning. De ger ledtrådar till var vi kan älska oss själva ännu mer, och vad inom oss som behöver läka.

Det kan vara att anklaga någon för att inte ta dig på allvar. Prova att vända på anklagelserna och se om det inte trots allt är du som tycker likadant om dig själv egentligen. Kan det vara du själv som inte tar dig själv på allvar? Att möta det och älska dig för den insikten och kanske stå upp för dig själv på ett nytt sätt blir vägen framåt istället för att maktlöst sitta still och anklaga andra.

Kriser är fantastiska möjligheter

"En dag kom min man fram till mig med en blick och närvaro jag saknat mellan oss men det var inte en fin stunds samtal som väntade utan han berättade att han träffat en annan. Jag blev kall och väntade in fortsättningen. Deras intimitet slog mig som ett knytnävsslag i hjärtat.

Det låg en förväntan i luften, kanske inte från honom, men från omgivningen upplevde jag, om hur jag borde reagera; "Jag har blivit bedragen" och därefter borde relevanta känslor och reaktioner yttras. Men jag valde att utgå endast utifrån min egen upplevelse och i den stod jag still och iakttog mitt inre.

Det som slog mig var att jag hade ett val att börja tänka tankar som skulle ge mig känslorna. Egentligen var det ingenting i nuet som sårade mig, utan det var orden som föddes inom mig, associerade ur hans ord, med slutsatser om vad det betydde, som skapade känslorna.

Det blev tydligt hur det var tankarna och slutsatserna inom mig själv som var sårande. Det var ju inte vad de två personerna gjort tillsammans eller inte som sårade mig. Det var mina tankar om saken som sårade. Och då också främst mina slutsatser om vad det betydde för vår relation och kärlek. Det var slutsatserna som sårade. Inte agerandet i sig. Jag var ju inte närvarande när det skedde.

Jag valde att följa tankarna och känslorna, trots att jag samtidigt stod i ett betraktande observerande. Jag ville inte missa något, utan såg hur det var en chans att få ur mig känslor som inte borde stängas inne.

Då jag sista åren av vårt förhållande använt alla konflikter och personliga triggers till att läka mitt inre och uppnå ett mer expanderat medvetande, så angrep jag även denna situation djupt reflekterande på mina inre skeenden.

I det inre arbete som följde kände jag hur känslorna egentligen bottnade i en uppfattning jag haft en längre tid "han älskar mig inte tillräckligt - och här är beviset" och under ett par timmar i inre process vände jag på det och frågade mig "älskar jag mig själv så som jag önskar att han skulle älska mig?" och det gjorde jag inte, och hade aldrig gjort.

Inte förrän nu gav jag mig själv den kärleken. Den här situationen blev en möjlighet att älska mig själv på djupet och jag knöt an till den villkorslösa oändliga stora kärleken inom mig.

Jag såg hur vi alla är sammankopplade i ett högre medvetande och att det högre medvetandet i honom och i mig, var ett och samma. Jag insåg att jag, eller min högre aspekt, på ett sätt skapat detta skeende själv, för min skull.

Det blev en upplevelse bortom ordens förklaring. Skiften inom mig förändrade mig på djupet och jag sögs in i en veckolång eufori och tacksamhet. En tacksamhet för att han hjälpt mig att hitta den villkorslösa kärleken inom mig. Min sanna essens. Jag kände hur jag är fullkomlig utan bekräftelser från mig själv eller andra. Jag är villkorslös kärlek. Rakt igenom. Jag behöver ingen annan att göra mig hel. Jag blev hel i och med detta. Jag kom hem.

Jag känner än i dag en enorm tacksamhet gentemot min exmake och hans agerande var helt perfekt. Tack i oändlighet."

~

Saker och ting kanske inte ser så bra ut på utsidan; det kan vara stress, depression eller sjukdom, eller andra omständigheter som du önskade inte var där.

Men allt sker av en anledning och du är precis där du behöver vara just nu, och nej, med det menar jag inte att du ska straffas och har förtjänat det tunga, utan att det är just genom det oönskade vi kan läka och växa.

Ett angreppssätt är att känna tacksamhet för det obehagliga. Det blir ett sätt att erkänna vad som händer och det öppnar upp till den kraft du har i dessa ögonblick. Kraft att se saker på nya sätt och agera annorlunda.

Tacksamhet kan vara väldigt väldigt svårt att hitta in till i dessa situationer så var okej med att det är en stor utmaning, men prova.

Med tacksamhet kan du vända ditt emotionella tillstånd och hitta kraft till förändring och påverkan i dessa situationer.

Du har makten och befogenheten. Ingen annan kan skapa förändring åt dig. Kliv fram och gör en förändring idag, även om det är en liten.

Tunga händelser och perioder i livet är här för din skull. Det är genom dessa lektioner som vi läker och går bortom sinnets färgade tolkningar.

När vi utsätts upplevs detta självklart orimligt men ju mer medveten du blir kommer du att se hur utmaningen du står inför i själva verket är här för att hjälpa dig.

Kriser ger möjlighet till dig att nära det inre offret, men är också fantastiska möjligheter att komma i kontakt med de inre sår som behöver läkas. Detta ger tillfälle till både läkning och insikt.

Hur tunga dessa scenarier än synes är de frö och mylla för självinsikt och de har skapats för din skull, av din högre aspekt till dig.

Att släppa taget

Kontrasten som mörker ger öppnar även upp för att skapa förändring då motivationen verkligen är där och vi ser hur vi absolut inte vill fortsätta längre. Vi kan då på riktigt prova nya förhållningssätt.

Det bjuder även in till att resignera, vilket är avgörande i vissa skeden av livet. Att ge upp försöken att *veta hur man gör* och veta hur det *ska vara* öppnar upp för helt nya vägar, metoder och angreppsvinklar. Om du redan vet hur du ska göra, så kan ingen självhjälpsbok eller förändringsstrategi i världen hjälpa dig.

Att inte veta är ett fantastiskt tillstånd att befinna sig i. Det beror helt enkelt på att den som tror sig veta är alltför påverkad av tankar, tolkningar och föreställningar om saker och ting och inte kan se klart på situationen just nu.

Hade du gjort det hade du varit i glädje och harmoni och inte i en utmanande del av livet.

Att släppa taget om vetande är svårt och känslomässigt utmanande, men värt att snudda vid och sker det för dig så vet du nu att det är en bra sak. Kanske sker det naturligt genom ett sammanbrott, eller uppgivenhet i sjukdom, eller genom en förståelse och mental överenskommelse med dig själv eller medvetet i meditation.

Att släppa taget handlar om så mycket mer som ännu är alltför komplext att ta in, men att förstå att du håller fast vid uppfattningar och tolkningar på många olika plan är en god början. Och vet att vägen till mer ljus och glädje går genom att släppa på dessa fasta uppfattningar och upptäcka nya aspekter och förhållningssätt.

Dessa nya aspekter går oftast inte att uppfatta förrän du släppt de gamla, så du behöver tillit. Tillit byggs upp i steg så låt det gå långsamt, eller tillåt en större kapitulation och därmed mer radikal transformation.

När vi mediterar så övar vi på vår förmåga att släppa taget om tankarna och den här lilla övningen har större effekt än det först verkar. Eftersom hjärnan förstärker det vi fokuserar på, så hjälper den här övningen oss att släppa taget även om andra aspekter.

Att släppa taget om tanken innebär:

- att släppa på engagemanget vi hade i vårt tänkande
- att släppa greppet om innehållet i tanken
- att släppa på behovet av bekräftelse som ofta uppkommer genom tanken
- att släppa rädslan av att glömma bort det tanken påminner om
- att släppa kontrollbehov och vara okej med att inte ha 100% koll

Kontroll är en illusion förresten, eftersom kontrollen är stel, styrande och en aktivitet endast från vänstra hjärnhalvan. Du är på många sätt mer kontrollerad i avslappnad medveten närvaro där du är öppen för och välkomnande till nya idéer och kan se mönster och möjligheter som du inte såg förut i det anspända avvägandet.

Instinktivt känner vi inte för att släppa taget och därför underskattar vi vikten av att göra det. Det handlar om att frigöra ditt sinne och din upplevelse från sådant som inte längre är till något vidare hjälp.

Envisa tankar, anklagelser, förklaringar, beskyllningar, idéer, koncept, uppfattningar men även delar av livet som möbler, saker, relationer och vanor som inte bidrar längre, kan du överväga att släppa taget om. Men du måste inte.

Döm inte dig själv för att du hållit fast vid dessa uppfattningar och saker så här länge, du är helt enkelt inte redo förrän du är redo. Håll dig själv i kärlek och släpp taget om det du intuitivt känner dig redo för.

Låt det som kommer till dig inifrån vara viktig information. Se hur det har stöttat dig hittills eller förut och varför det inte är hjälpsamt längre. Genom att observera detta utan att värdera så skapas ett litet avstånd mellan dig och det du står inför att släppa taget om och det blir lättare att släppa iväg det.

Om du vill kan du skriva ner det på en lapp och riva sönder. Släpp taget och var öppen för vad som kommer istället. Du skapade precis plats för nytt.

Om vissa saker kan du veta vad det är du vill släppa, annat är mer subtilt än så. Att släppa taget om vetandet och helt resignera t.ex. Då vet vi inte exakt vad vi släpper taget om. Det är läskigt och otroligt utmanande, men så fantastiskt fullt av potential.

Ovissheten

LÅT   VARJE   RAD   LANDA

Landa

Andas

Bara finnas till

Just nu

Utan att veta

Allt

150

Jag måste inte

Jag kan släppa taget

Kontroll

Krampar

Jag släpper

Spänningar släpper

Bara finnas

Just nu

Här

I stillheten

Utan att veta

Det är okej

Det är tryggt

Jag kan

Bara vara

Finnas

Här

Nu

Öppen

Trygg

I stilla förundran

Här

Öppen

Nu

Vet inte

Det är okej

Nu

Nu

Här

Stilla

Stilla

Här

•

Närvarande sanning

Vanligtvis möter vi vardagen genom våra tankar om det vi ser, och tolkningar vi gör. Vi kategoriserar allt vi ser, i etiketter och namn, identiteter och värderingar. Vi utgår ifrån vad vi tycker om saker och ting och agerar därefter. Vi ser på vädret och avgör om det är en bra dag eller inte. Vi möter en person med en förutfattad mening om hur mycket vi kan dela av oss själva, eller en bestämd mening om var ett samtal ska leda och kanske till och med vad det ska ge oss.

Vi försöker förutse framtiden och planera oss dit. Vi gör allt vi kan för att undvika risker genom att göra alla små och stora handlingar vi kan komma på. Vi är så styrda av sinnet att vi behöver öva ett tag på att se saker på ett nytt sätt.

Ett annat förhållningsätt är att röra sig genom dagen och med nyfikenhet och öppet sinne se på det som kommer i din väg som om det bara sker. Kanske kan en regnig dag bli en underbar dag av skönhet. Kanske behöver en motsträvig person bara få höras och ses ordentligt och en ny vänskap börja gro. Kanske är det så att du aldrig har varit i den här stunden innan. Eller den här. Eller den här...

Vi går genom dagen med ett suddigt filter framför ögonen, som förvrider verkligheten, men som är bekvämt eftersom det är bekant. Men vågar vi ta av glasögonen och se med nyfödd blick kan vi också se hur mycket våra egna reaktioner, tankar, tolkningar och "berättelser om jag, mig och mitt" påverkar oss och andra och hur situationer artar sig och händelseförlopp förändras.

Det innebär att uppleva och vara utan att veta. Utan att veta precis hur det förhåller sig. Utan att veta vad det betyder, eller var det kommer att leda. Det här är en enorm frihet. Ofta är vi på något vis lite rädda för att det skulle vara sämre på något sätt, att se så klart, men i själva verket blir det alltid bättre. Närvaron du kommer i kontakt med inom dig ser inte bara saker tydligare och renare, utan filter av tolkningar, utan den närvaron är också din sanna essens som du kan börja smaka på. Den är kärlek. Den är acceptans. Den är mod.

Prova att se din omgivning, precis där du är, på renast möjliga vis. Vad är sant just här och nu? Utan tolkning.

Vad är faktiskt här?

Vad är sant just nu?

Utan tolkningar stannar också kommentarer av. Interna kommentarer som värderar och bedömer skapar ett filter mellan dig och verkligheten. Så utan kommentarer, hur är det att bara vara just nu? Vi måste inte kommentera allting.

Vi kan låta det bara vara som det är också. Och se vad som händer. Se hur det är då.

Du kommer att se nya möjligheter, få andra oväntade idéer och spontana impulser till handling i och mot harmoni.

Din kroppsliga magnetism

"Det var när jag befann mig i ett ytterst deprimerande tillstånd jag började utforska vibrationer och attraktion. Mitt yttre var trist och mitt inre likaså. Jag var i princip bankrutt, kände ingen kärlek eller förståelse från min man, blev tvungen att ta ett okvalificerat lagerjobb som mitt högutbildade ego skämdes för.

Jag spenderade många tunga timmar med att gå omkring med en vagn på jobbet och packa varor för att sedan hämta barnen som jag mer eller mindre var smågrinig mot hela tiden. Mitt yttre var låst, jag hade ingen tid att göra det jag brann för, kunde inte hitta en lösning att ta mig därifrån, jag var fysiskt utsliten och trött om kvällarna och såg inga möjligheter. Jag kände mig bara förnedrad, sur, sårad och ledsen.

Intuitivt kände jag att situationen jag befann mig i var ett slags examensprov och att hur jag hanterade det skulle avgöra vägen framåt. Jag kände även till teorin bakom attraktionslagen, d.v.s. hur vår vibrationsenergi attraherar den yttre omgivningen och händelser som matchar den utsända energin. Lika attraherar lika. Så där jag nu befann mig i en trist omgivning jag kände mig låst i, så kunde jag ändra mitt inre och se hur det påverkade det yttre.

Eftersom jag var på en dedikerad inre resa visste jag att jag antagligen också behövde läka något inom mig, då inre sår attraherar situationer som blir möjliga tillfällen till läkning. Jag kände sanningen inom mig i det jag hört talas om att "allt som sker, sker FÖR dig".

Jag fick idén att prova höja mitt inre tillstånd, förändra min inre värld, genom inte bara inre läkning utan även genom att höja min vibration, och se hur det skulle påverka en till synes opåverkbar situation och yttre värld.

Det kunde ju inte skada i alla fall. Jag hade ett val att försöka göra något åt saken, och inte bara stanna kvar i ett deprimerande mörker och vänta på bättre tider. Mitt experiment kunde börja.

Jag skapade strategier för att höja min vibration, genom:

- *Musik. Jag skapade spellistor som sakta höjde min inre glädje.*
- *Affirmationer. Jag sa t.ex. "glädje" upprepade gånger och kände en inre höjning av tillstånd.*
- *Välja glädje, eller extas, oavsett omgivning.*

Jag fann att jag kunde göra detta när som helst. I bilen till och från arbetet, på väg till skola och förskola, med mina barn i lekparken, på toaletten, på arbetet, och när det inte gick att välja glädje eller bliss kramade jag om mig själv, höll mig i djup kärlek och grät, skrek eller slog i kuddar när jag behövde, hållen i den villkorslösa helande kärleken, av mig själv.

Genom att höja min vibration fördes det som behövde läkas fram och snart förändrades min yttre värld fullständigt."

~

Enligt kvantfysiken existerar allt, även minsta partikel, i form av både materia och som frekvenser (svängningar som bildar elektromagnetiska fält). Alltså även vår kropp.

Frekvensen är olika för olika celler och olika delar av kroppen. Till exempel har olika joner olika frekvens: kalium har vibrationsfrekvensen 7 Hz, mangan har 21 Hz och kalcium 28 hz.

Man kan även mäta vad en människa ätit och hur hennes biokemi var, långt efter hennes död med hjälp av vibrationsfrekvenser som mäts med särskilda instrument.

Även känslor vibrerar med olika frekvens.

Tänk på vad engelska ordet för känsla betyder; "Emotion" = "energy in motion". Energi som vi uppfattar och upplever som känslor. Känslor och deras energi vibrerar med olika frekvens.

De negativa känslorna vibrerar med låg frekvens och de mer behagliga känslorna som glädje och kärlek vibrerar med högre frekvens.

Enligt kvantfysiken attraherar identiska frekvenser varandra. Lika söker lika.

När det gäller inre läkning och den inre resan kan man förenklat säga att inre sår är knutar av ansamlad energi av t.ex. oupplösta känslor som sorg, rädsla, skam, förakt eller ilska och denna koncentrerade energi strålar ut i vibrationer av t.ex. ilska som då attraherar mer ilska. Det kommer till dig i alla möjliga olika former som i grunden är situationer där du känner mer ilska.

Alltså formas din upplevelse i världen som svar till den energi du sänder ut.

Vill du förändra din upplevelse från en negativ till en mer positiv, så läk ditt inre. Lös upp dessa knutar av förtryckta känslor och börja se sann förändring i ditt liv.

Att bryta sinnets bojor

"En dag grät jag där jag stod utanför frysrummet och packade varor med värkande förfrusna fingrar. Jag kände mig så uppgiven, sorgsen och arg över hur en kompetent person som jag hade hamnat där, utan pengar, glädje och väg ut.

Jag började känna igen det som en möjlighet och frågade mig själv, om jag kunde tillåta mig att känna glädje i detta nu. Ståendes på denna kalla botten.

Först ville jag inte det. Det fanns ju en massa omständigheter som bestämde hur det var, och hur det skulle kännas, anledningar och förklaringar. Inom mig fanns också ett uns av offer kvar som ville fortsätta sin självömkan. Men även om det kändes omöjligt beslöt jag mig ändå för att prova.

Jag såg för mitt inre hur min omgivning och inre föreställningar bestämde hur mycket jag kunde, eller inte kunde, glädjas just nu. Jag såg det som kedjor som höll mig nere. Ovanför mig fanns frihet och gränslös glädje, som kedjorna höll mig ifrån att flyga upp till och uppleva.

Jag insåg hur dessa kedjor var fästa i mitt sinne, och jag kunde välja att släppa dem. Det var faktiskt en enkel åtgärd när jag väl känt det inom mig, och när jag släppte taget om föreställningens bojor sköt min vibration i höjden och mitt inre välmående höjdes som en hiss som åkte upp bortom översta våningen.

Jag svävade in i eufori och extas jag aldrig tidigare upplevt. Jag skrattade och fnissade och sjöng och gladdes i månader. Det spelade ingen roll vad jag gjorde, jag var djupt lycklig och snart förändrades min yttre värld i naturlig följd och skiftade radikalt till harmoni, glädje och eufori i det inre såväl som det yttre. Det var sannerligen ett magiskt skifte."

Humör, ett energitillstånd

Efter en del inre arbete och läkning kommer du att kunna styra energin du sänder ut genom att medvetet välja vilket känslotillstånd du ska befinna dig i.

Istället för att tankarna styr hur du känner dig, så kan du välja hur du känner dig och tankarna ställer automatiskt om och anpassar sig, och du ser mer positivt på omständigheterna och situationer och tillfällen skapas med helt andra förutsättningar på grund av detta.

ÖVNING

Öva på att välja olika tillstånd. Börja med små höjningar av frekvenstillstånd och prova dig fram. Det blir en övning i att klippa relationen mellan tanke och känsla genom experimentet att välja känslan som bryter rådande tanke-förhållande.

Säg t.ex. glädje inombords och se hur det får dig att känna. Lägg märke till hur eventuellt motstånd känns och vilka tankar som uppstår. Säger de kanske till dig att du inte kan känna glädje just nu på grund av …?

Att under en tid medvetet välja högt vibrerande känslotillstånd lockar fram de inre såren då kontrasten blir tydlig.

När t.ex. glädje absolut inte är möjligt att välja och känna kan det vara så att du har inre arbete att göra och känslor att släppa fram.

Något har antagligen triggat inre sår i dig som du behöver titta närmare på.

Bryt förtrollningen yttre omständigheter har dig fast i. Prova i en situation eller tillfälle där du känner att det är tufft och omöjligt och se om du kan rada upp alla anledningar till ditt tillstånd och se hur tankarna om dem slår ner dig.

Kan du välja att trots allt detta känna glädje? Det är ett energitillstånd som styr, din vilja att prova är avgörande. Detta är ett sätt att komma åt en djupare nivå av självkärlek, att bryta förtrollningen och visa dig själv att du inte styrs helt och hållet av yttre omständigheter. Den bliss som eventuellt kommer är inte ett permanent tillstånd. Förvänta dig inte att du kan hålla det hela tiden, men det är något du kan prova och experimentera med. Att höja din vibration för fram det som behöver läkas och ger dig en rejäl skjuts på vägen uppåt och framåt.

Sann självkärlek

Liksom att yttre glädje aldrig kan bli tillräckligt varaktig, utan att det är den inre glädjen som blir fullkomlig och attraherar yttre glädjande förhållanden, så kan inte den djupaste kärleken komma utifrån. Den måste komma inifrån.

Sökandet efter den villkorslösa kärleken är en gemensam strävan för mänskligheten. Egentligen vill vi bara vara lyckliga och älskade. Men länge tror vi att vi kan få den från andra. Från våra föräldrar eller kärlekspartner.

Så vi försöker uppnå en massa förväntningar, mallar och former, för att få den. Jobba oss till utbrändhet för att få den. Bli sjuka, för att få den. Förändra vår personlighet eller utseende för att få den. Men då är den inte villkorslös längre eller hur?

När du älskar dig själv villkorslöst behövs ingen kärlek eller bekräftelse från någon annan. Det är dessutom endast då som den sanna kärleken från en annan kan komma till dig. Det är endast när du själv är i djup kontakt med den villkorslösa kärleken från dig till dig, som du är mottaglig för en yttre manifestation av den att komma till dig i form av en person som älskar dig villkorslöst.

Den enda kärlek som du egentligen söker djupt inne är din egen.

När den här kärleken påträffas inom dig, från dig till dig, så kommer du i djup kontakt med ditt sanna jag, Alltet, den villkorslösa kärleken.

Så länge det är lidande i vägen, är det svårt att känna den typen av självkärlek och vi får börja i små steg med mer ytliga former av självkärlek.

Att utforska självkärlek är således en väg till självinsikt och att fråga sig i olika situationer, hur mycket kan du älska dig själv just nu? Hur kan du reagera och svara i en situation om du gör det med största kärlek gentemot dig själv?

Detta öppnar upp för nya vägar då du kanske kan välja ett kärleksfullt svar istället för en reaktiv respons som gynnar det lidande offret inom dig. Med en kärleksfull attityd läker du då istället en del av offret som bara vill bli älskat. Med kärlek ser du det irrationella beteendet och svarar med kärlek.

Detta är oerhört utmanande och kräver stor beslutsamhet av dig att försöka dig på, men kan vara extremt tillfredsställande och fullt av potential till självinsikt.

• Kan du älska dig själv så mycket att du väljer glädje?

• Kan du älska dig själv så mycket att du väljer det goda alternativet?

• Kan du älska dig så mycket att du håller dig själv när du känner dig nere?

• Kan du älska dig själv så mycket att du släpper berättelsen om jag, mig och mitt?

Utforska utan att nedvärdera din förmåga till självkärlek. Det här är sannerligen något de flesta behöver öva upp, expandera inom sig, och små steg är fullt tillräckliga.

Förlåtelse

"Kunde jag förlåta min man? Jag kände hur jag snuddade vid en kärlek som skulle kunna det, men ville jag?

Jag hade insett att jag befann mig i en situation med uppdrag att bekräfta mitt inre sår av att "inte vara värd att älskas" och som faktiskt bekräftade att "han älskar mig inte tillräckligt". Det var ju på ett sätt fantastiskt att jag såg det! Och att det hänt! Jag insåg hur tacksam jag var att det hade hänt, på riktigt. Att han hade gjort som han gjort. Och att jag kunnat inse det jag insett.

Jag förstod samtidigt att det var jag själv som hade attraherat situationen och att det var JAG som gav mig själv den gåvan.

Det kan låta märkligt, men jag såg hur mitt högre medvetande, som är ett och samma som en annans högre medvetande, skapade situationen för just den här möjligheten. Det var en möjlighet för mig att dels se hur alla är ett och för mig att känna den villkorslösa djupa stora kärleken inom mig.

Jag höll om den del av mig som var i lidande, med min djupaste kärlek, en kärlek jag inte kommit i kontakt med tidigare, och tillät sorgen och ilskan att finnas och vråla. Jag förlät mig själv för att ha varit förvirrad, jag förlät mig själv för att inte ha älskat så stort innan, älskat mig själv så här innan och jag förlät mig själv för att ha attraherat situationen.

Detta var det djupaste jag kunde göra, den största kärlekshandlingen jag kunde ge mig själv. Det tog bara emot lite grann, eftersom där fanns motstånd mot att släppa det lidande som för en liten del av mitt inre var ren njutning, men när jag bestämt mig för att försöka så var det lätt.

Att bestämma sig för att på riktigt försöka förlåta är stort. Det är en kärlekshandling i sig. Den här kärleken är ju den vi i sanning är. Den essens som redan är DU. Det är lagren mellan den och din uppfattning av den som behöver skalas av och släppas på.

Efter den här förlåtelsen och kärlekshandlingen mot mig själv svävade jag i eufori och upplyst glädje i månader. Där fanns ingenting jag behövde för att vara lycklig, ingen man jag behövde bli bekräftad av. Ingenting fattades mig. Fullkomlighet inom mig. Bliss bara av att vara."

~

Förlåtelse hör samman med att släppa vårt beroende till lidande. Ett konstigt sätt att tänka kanske, men genom att hålla fast vid att inte kunna förlåta en person förlänger vi vårt eget lidande och som du vet är det en del av oss som vill vara i lidande.

Den andra personen är ofta inte direkt påverkad av vår ovilja att släppa taget om vad som hände. Det påverkar mest oss själva och den som blir bekräftad är återigen det inre offret.

Det är alltså en del av oss som behöver läka något genom händelsen.

Att genom inre process läka det som blir känslomässigt berört av att tänka på det som passerat, öppnar upp för förlåtelse.

Fråga dig själv, kan jag älska mig själv så mycket att jag både förlåter personen i fråga och mig själv för att ha hållit fast vid lidandet?

Kan du förlåta dig själv för att ha trott på tankarna om händelsen och skapat lidande för dig själv? Kan du förlåta dig själv för att du inte älskat dig själv så här mycket tidigare?

När vi dessutom begrundar att det är det högre medvetandet, som är vad du egentligen är, som agerat genom personen som du vill förlåta, så kan du se att den du egentligen förlåter är dig själv. För att ha attraherat situationen. För att ha skapat situationen så att du ska komma i kontakt med de inre sår du bär på.

Genom förlåtelse släpper vi vårt lidande och bjuder in inre frid.

Genom förlåtelse läker vi vårt inre offer med självkärlek.

Genom förlåtelse kommer vi i kontakt med den villkorslösa kärleken. Den som inte älskar bara om vissa villkor uppfylls. Denna villkorslösa kärlek är vad du *är*. En sådan handling leder alltså till avancemang på upplysningens väg.

När vi inte är redo att förlåta, är det ett tecken på att vi har något att läka inombords, det som händelsen triggat och väckt till liv. Vi håller fast vid lidandet ...*bara lite till*... och ger näring till det inre offret.

Det kan låta strongt att säga och att göra. Det är det också. Det krävs mod och beslutsamhet, men du skulle inte läst så här långt om du inte hade det i dig.

Jag tror på dig.

Att förlåta är att släppa taget om det som har makt över dig, det som tar kraft från dig. Det vill säga; att släppa taget om det som du ger din kraft till.

Att förlåta är att älska sig själv. Det vackraste du kan ge dig själv.

Det vackraste du kan ge världen.

Vad vi egentligen söker

Många känner inte till anledningen till att vi söker efter något "mer" under större delen av vårt liv. Vi söker efter fler saker, bättre relationer, jobb eller upplevelser. Vi söker lycka genom dessa ting och fenomen.

"Jag vill bara må bra och vara lycklig."

Vi söker efter lycka och kärlek, men vet inte vad det är som ligger bakom denna längtan efter något mer, något annat, eftersom den vardagliga lyckan i de flesta fall inte tycks tillräcklig.

Längtan efter harmoni, inre frid kan visa sig som ett sökande efter kärleken, efter bekräftelse, personlig eller på jobbet, eller genom ting.

Men se här:

Sökande efter bekräftelse och lycka →är egentligen→ Sökande efter kärlek →är egentligen→ sökande efter den villkorslösa oändliga kärleken →som är vad DU ÄR.

Du söker efter DIG SJÄLV.

Du är den villkorslösa gränslösa kärleken som flödar mellan allt och alla, som är allt och alla. Det som inte ens kan beskrivas i enbart ordet "kärlek."

Så bakom andra frågor som:

- Hur kan jag få mer pengar?
- Hur kan jag få det där jobbet som ska göra mig mer lycklig?
- Hur kan min relation bli så där perfekt?
- Hur kan hen älska mig mer?
- Vem kan ge mig kärlek?
- Hur kan jag läka?
- Hur kan jag få lugn och ro?
- Hur kan jag bli harmonisk och lycklig?

… frågar sig alla omedvetet:

VEM ÄR JAG?

Vårt lidande, stort som smått, grundar sig i att insikten om oss själva, kontakten med oss själva, inte är helt tydlig för oss. Ännu. Vi vet inte riktigt vem eller vad vi egentligen är och söker svar på en massa andra sätt. På en massa andra frågor. När det egentligen handlar om identitet och att veta vem vi är.

Genom en personlig klädstil och uttryck kan vi till och med skapa ännu mer unik identitet för att på så sätt visa oss själva och världen att "Den här är jag" och känna att "så bra, nu vet jag vem jag är i alla fall."

175

Tar du istället reda på vem du i djupaste sanning är, så kommer allt som inte är i harmoni att finna sin väg. Hälsa såväl som praktiska delar av livet kommer till harmoni och du själv finner Sanning och inre frid.

Upplysning och självinsikt besvarar frågan **Vem är Jag?**

Att veta det i förkroppsligad insikt, är upplysning.

Talar berättelser om vem du är?

Alla dina tankar om allt som sker, formas till allra största del av "berättelser om jag, mig och mitt" och avgör mer om din självbild än du först anar.

Så fort sinnet talar om för dig att du har upplevt något, så separerar det dig ifrån händelsen och alltet. Genom att i tanken säga "jag tar bussen nu kl 13" så har sinnet separerat "jag" från "bussen" och från själva händelsen.

I själva verket är du inte separerad från någonting. Inte från bussen. Inte från händelsen.

I själva verket är du substansen som skapar allt och är i allt och bortom allt.

Ja, det är mycket att ta in, men som led i denna djupare förståelse, kan du se på det här som att genom de här berättelserna så berättar sinnet för dig vem du är. Du är en person. Du är en kropp som rör sig i tid och rum. Du är någon som åker buss. Du är i tid. Osv.

Det skapar en identitet. Genom berättelserna som sinnet talar om för dig. Som tolkas genom filter av upplevda tidigare händelser. Du ser hur fragil och osann denna beskrivning är?

Ett annat exempel är en tanke som uppstår när du upplever smärta i benet. Istället för att utan ord observera smärtan i benet och flytta benet ur situationen och därefter låta det vara, så tänker sinnet oftast "Jag har ont i mitt ben". Sinnet talar alltså om för dig att du är någon som har ett ben. Det är ditt. Du är också någon som upplever smärta. Men vem är det? Vem upplever smärtan om inte kroppen? Är du kroppen?

Detta skapar identitet på många olika plan. Om du ofta har ont i knät och berättar det för andra kan du till och med bli "den som har ett dåligt knä". På det mest subtila vis skapas genom berättelser om jag, mig och mitt, en känsla av att vara en person.

Sinnet bygger upp en identitet som bara är en samling berättelser som tror på sig själv som verkliga. Din identitet blir baserad i sinnet, av sinnet och ur sinnet. Du tror att du är dina tankar. Ditt sinne och DU blir synonymt.

Du upplever att du är den här samlingen berättelser. En skara mer eller mindre påhittade historier som separerar dig från händelser, från världen, från andra.

Ett begränsat medvetande skapas eller avskiljs från det högre medvetandet och du upplever att du är det här individuella medvetandet. Berättelserna om dig själv bekräftar sedan detta om och om igen.

Du är inget minne

Vi identifierar oss alla med att vara ett sinne i en kropp till en början, så mycket att vi tror och känner att den som tänker tankarna och är i kroppen är den vi är. Det vi identifierar oss med påverkar vår upplevelse genom de filter sinnet eller det begränsade medvetandet lägger på då det vill bli bekräftat för att fortsätta sin existens.

I själva verket är vi så mycket mer än tankarna och det kan du känna också när du i, sällsynta till en början, stunder av ett stilla sinne, fortfarande känner att du existerar trots att där inte finns en enda tanke närvarande. Du kan ju inte vara den som tänker, *tänkaren*, när det finns tankar och inte när det inte finns tankar. **Tro inte blint på mig utan känn efter själv.**

VAD är du när det inte finns en tanke närvarande?

VAR är du när det inte finns en tanke närvarande?

(Svaras bäst utan tanke)

När vi identifierar oss med tankarna och sinnet så känns det som om vi är den som tänker. Men *tänkaren* uppstår med tanken och försvinner med tanken. Detta är måhända svårt att ta in, så vi tittar närmare på sinnets innehåll och undersök djupt inom dig själv.

Förenklat är sinnets innehåll endast MINNEN och FÖRVÄNTNINGAR.

Minnen

Minnen om hur det var förut, vad som hände igår eller hur du hade det som barn. Minnen om vad du varit med om kanske beskriver händelser som du varit med om, men vad säger de om VEM du är nu? Eller vad som sker nu?

Minnen är tankar om något som inte händer i absoluta nuet. Så fort där är en tanke om vad som sker så har nuet passerat och tanken beskriver ett minne. En beskrivning av en historisk händelse, ett sensoriskt intryck.

En beskrivning av en händelse skapar dessutom berättelser som separerar dig från upplevelsen. Tankar och mentala kommentarer berättar ofta historier i jag-form, om någon som utsattes för eller påverkades av handlingen. Denna akt i sig separerar personen från handlingen eller händelsen och skapar subjekt och objekt. Upplevd separation skapas. "Det är *jag* och jag befinner mig i *världen*". "Det är *du* och det är *de andra*." Tydlig separation, eller hur?

I upplevelsen av sinnet.

I minnet.

Men du är inte ett minne så ingenting du kan säga om dig själv som
är en beskrivning av något från förut, är en beskrivning av dig. Du är
obeskrivlig egentligen. Du existerar ju *nu*.

Eller existerar du *förut* och *framöver*, men inte *nu*?

Förväntningar

I tankarna förutser vi också framtiden hela tiden. Vi förväntar oss att
det ska ske på ett visst sätt, vi önskar att vissa händelser ska ske och
andra inte, och försöker räkna ut hur vi kan få till ett särskilt
händelseflöde. Alla tankar om framtiden kan kategoriseras som
förväntningar. Det är också våra önskningar och förväntningar som
driver oss till nästa ögonblick och det som för oss bort från nuet.

Om vi inte har några förväntningar överhuvudtaget så är vi helt
närvarande, och helt i nuet och helt öppna för njutningen det bär
med sig. Kanske har du haft sådana stunder, där du varit närvarande
utan några som helst förväntningar?

Det här är dock ett svårt tillstånd att etablera sig i hela tiden, då vi är
så fast i att identifiera oss med den som inte redan är fullkomlig. Vi
identifierar oss med en tänkare som behöver något annat för att

uppfyllas. Önskningar om framtiden som ska komma sen och uppfyllas sen.

I absoluta nuet finns inga tankar.

Här finns ren närvaro.

Ren absolut observation och medvetande utan tankar om vad som observeras.

Här finns *din sanna essens*. Harmonin. Stillheten. Fullkomligheten. Tillfredsställelsen.

I absoluta nuet.

Ren observation

I nuet kan ren observation ske. Att observera utan att sätta ord på vad du ser och upplever är att vara närvarande på djupet.

När du blir medveten om tankarnas flöde ser du hur otroligt snabbt de definierar vad du möter. Hur otroligt snabbt upplevelsen försvinner från nuet in i tankens historia.

Detta är en sann utmaning, att vara så närvarande att tingen du ser, människorna du möter, inte är representanter för en samling minnen om dem, utan att du kan möta dem som de är, i ren obefläckad observation och deltagande.

Ren observation betyder inte att du inte deltar och interagerar. Det betyder bara att du är mer i ditt djupa medvetande än i ditt sinne. Du kan också observera dina tankar med en renhet och enbart observera dem utan att kommentera dina kommentarer.

Alltet

Jag ska berätta något som kanske låter helt befängt, men jag respekterar dig så pass att jag vill berätta för dig och inte undanhålla detta korn av sanning, denna påminnelse.

Ett begränsat medvetande, som identifierar sig med tänkaren, tankar, sinne och kropp, kan inte ta in detta, har inte förmågan att förstå, men får du höra det kan du känna inom dig hur det är sant och kan öppna upp för mer av det tysta ordlösa vetandet och varandet att få ta plats.

Genom den här påminnelsen kan du dessutom börja öppna upp för att se andra människor lite mer som en del av samma högre medvetande som du. Att se andra som en förlängning av din högre aspekt gör dem till förmedlare av möjligheter till lärdom och insikt, snarare än motståndare att ha konflikt med.

De är medhjälpare, inte motspelare.

Det är så här;

Du är Alltet.

Nu och för alltid.

Har alltid varit

Det universella jaget

Det högre medvetandet i allt och alla

Det som är bortom allt, bakgrund till allt och skapare av allt

Du är

Det djupaste Varandet i alla

Du var aldrig separerad från DET, bara tillfälligt förblindad

Förblindad i en begränsad upplevelse av sinnesintryck

Förblindad av en neurologisk upplevelse av ett individuellt jag

Ett jag byggt av minnen och förväntningar

Ett jag skapat ur ouppfyllda önskningar

Men,

Du är den allra djupaste stillheten i allt och alla

Du är friden

Du är harmonin

Du är den villkorslösa kärleken

Du är det obeskrivliga

Du är DET

·